河北省高等学校人文社会科学研究项目：SQ2022031
省属高校科研项目：RWSK2022001
河北省社会科学发展研究课题：20230305033

中医院校德育共同体建设研究

刘虹伯 赵艳华 著

河北科学技术出版社
·石家庄·

图书在版编目（CIP）数据

中医院校德育共同体建设研究 / 刘虹伯，赵艳华著. 石家庄：河北科学技术出版社，2025.3. -- ISBN 978-7-5717-2354-5

Ⅰ.G641

中国国家版本馆CIP数据核字第2025R3L854号

中医院校德育共同体建设研究
ZHONGYI YUANXIAO DEYU GONGTONGTI JIANSHE YANJIU

刘虹伯　赵艳华　著

责任编辑	李　虎
责任校对	徐艳硕
美术编辑	张　帆
封面设计	梓　誉
出版发行	河北科学技术出版社
地　　址	石家庄市友谊北大街330号（邮政编码：050061）
印　　刷	定州启航印刷有限公司
开　　本	787mm×1092mm　1/16
印　　张	13.25
字　　数	265千字
版　　次	2025年3月第1版
印　　次	2025年3月第1次印刷
书　　号	ISBN 978-7-5717-2354-5
定　　价	86.00元

内容简介

　　《中医院校德育共同体建设研究》是一本系统探讨中医药院校德育工作的学术专著，旨在为读者提供全面的理论基础和实践指导。全书从德育工作的内涵出发，深入分析了德育共同体建设的文化优势、结构框架、多场景与多路径应用、工作队伍建设及评价体系。书中强调了中医文化和匠人精神在德育共同体建设中的重要作用，探讨了如何将这些文化元素有效融入德育工作中，展示了德育在课堂、生活和网络等多场景中的应用。在德育工作队伍建设方面，本书明确了专业队伍在德育中的核心作用，并提出了建设途径。同时，构建了科学的德育评价体系，提出了创新性评价方法和改革建议，旨在通过科学评价推动德育工作的持续改进和提升。通过详细描述德育共同体的结构与框架，本书为中医院校德育共同体建设提供了清晰的蓝图和操作路径。

　　本书不仅为教育工作者提供了系统的理论指导，也为实践者提供了丰富的操作案例和建议，致力于推动中医药院校德育工作的全面提升，促进学生的健康成长与全面发展。通过本书的研究，作者希望为中医药院校德育工作的理论创新和实践探索提供有益的借鉴，推动德育共同体建设的不断发展与完善。

前 言

当今，中国特色社会主义建设已经进入新时代，我国社会主要矛盾由人民群众日益增长的物质文化需求同落后的社会生产之间的矛盾，转化为人民日益增长的美好生活需要和不平衡不充分的发展之间的矛盾。这说明当今中国人民在追求丰富的物质生活的基础上，开始探求更广泛的社会生活需要，对优质高等教育的期盼和需求便是其重要组成部分。随着新时代中国特色社会主义的深入发展，中医院校德育工作面临更多新问题和新考验。中医院校应在"立德树人"的要求下，传承中医文化和匠人精神，充分发挥中国特色社会主义德育的优越性，坚持"以人民为中心"的教育理念，积极建设德育共同体，有效提高德育工作质量，更好地实现中医院校学生的全面健康发展。

关于中医人才培养，培养什么人，如何培养人及为谁培养人，始终是教育工作者的不断追求；如何加强中医院校的德育工作，培养世界一流中医人才，促进中医行业发展，为中华民族伟大复兴做出贡献，是当今中医院校德育工作面临的最现实的时代拷问。"德育共同体"概念的提出源于对新时代我国高等教育改革发展和人民日益增长的美好生活需要的理性思考，也是对"立德树人"根本任务的践行。基于此，我们展开了对《中医院校德育共同体建设研究》一书的研究，并结合中医院校德育工作实际，经过初步探索和实践，形成了本书的体会和成果。

全书共分为八章，第一章概述了中医院校德育工作的内涵与发展，揭示了其基本架构和多维度的诠释，帮助读者理解德育工作的全貌。第二章探讨了中医药院校德育共同体建构的文化优势，强调中医文化和匠人精神在德育共同体建设中的重要作用，并通过应用探索展示了中医文化在德育中的深远影响。第三章详细描述了中医药院校德育共同体的结构与框架体系，分析了德育共同体的基本构成和建设框架，提供了具体的实施路径。第四章则聚焦于多场景的德育建设，分别在课堂教学、生活和网络等不同场景中探讨德育的实施方法，体现了德育工作在各个方面的渗透和融合。第五章从身份认同、集体生活和实践活动等多路径出发，探讨了德育在不同情境下的具体应用，进一步丰富了德育工作的内涵。第六章专门讨论了德育共同体工作队伍的建设，明确了队伍的内涵和实现途径，强调了专业队伍在德育工作中的核心作用。第七章致力于构建中医药院校德育共同体工作的评价体系，提出了构建"横纵"评价体系的内涵和要求，并对评价工作的改革提出了创新性建议，力求通过科学的评价体系推动德育工作的持续改进和提升。最后一章总结了全书的研究成果，并对未来的德育工作提出了建议与美好展望。

本书多维度分析德育共同体建设，深入探讨了文化优势、结构框架、多场景应用和多路径探索等方面，内容全面而细致。本书具有较强实用性，提供了丰富的操作案例和具体实施路径，并提出了科学有效的评价体系来推动德育共同体工作的持续改进和提升，为教育工作者和实践者提供了切实可行的指导，具有较高的参考价值。

作者希望通过本书的研究，为中医药院校德育工作的理论创新和实践探索提供有益的借鉴，推动中医药院校德育共同体建设的不断发展与完善。本书不仅为教育工作者提供系统的理论指导，也为实践者提供丰富的操作案例和建议，推动中医药院校德育工作的全面提升，促进学生的健康成长与全面发展。

本书由河北中医药大学刘虹伯和赵艳华共同撰写。具体撰分工如下：刘虹伯负责撰写了第一章、第二章、第四章、第五章、第六章和第七章的内容（合计160千字）；赵艳华负责撰写了第二章、第三章、第七章、第八章及附录和索引内容（合计105千字）。

由于时间、水平有限，书中难免存在疏漏之处，恳请广大读者批评指正，以便我们在未来的研究中不断完善和提高。最后，我们相信，这本书将为您带来新的思考和启示，为您的事业和生活带来更多的帮助和指导。

刘虹伯　赵艳华
2024 年 6 月

Contents 目 录

第一章 中医院校德育工作概述 ………………………………………… 1
  第一节 中医院校德育的内涵 ………………………………………… 1
  第二节 中医院校德育的基本架构 …………………………………… 8
  第三节 中医院校德育共同体多维诠释 ……………………………… 23

第二章 中医院校德育共同体建构的文化优势 ………………………… 33
  第一节 中医文化与中医院校德育共同体建设的关系 ……………… 33
  第二节 匠人精神的融入 ……………………………………………… 38
  第三节 中医文化在德育共同体建设中的应用探索 ………………… 49

第三章 中医院校德育共同体的结构与框架体系 ……………………… 52
  第一节 中医院校德育共同体的基本构成 …………………………… 52
  第二节 中医院校德育共同体建设框架 ……………………………… 59

第四章 中医院校德育共同体的多场景建设 …………………………… 65
  第一节 课堂教学中的德育 …………………………………………… 65
  第二节 生活中的德育 ………………………………………………… 77
  第三节 网络上的德育 ………………………………………………… 87

第五章 中医院校德育共同体的多路径建设 …………………………… 98
  第一节 身份认同中的德育 …………………………………………… 98

1

  第二节 集体中的德育 ………………………………………… 110
  第三节 实践中的德育 ………………………………………… 123

第六章 中医院校德育共同体工作队伍建设……………………………… 135
  第一节 德育共同体工作队伍的内涵 ……………………………… 135
  第二节 德育共同体工作队伍建设的实现途径 ……………………… 137

第七章 中医院校德育共同体建设的评价体系……………………………… 146
  第一节 评价体系构建的内涵和要求 ………………………………… 146
  第二节 积极构建"横纵"评价体系 ………………………………… 154
  第三节 评价工作的改革 ………………………………………… 162

第八章 总结与展望……………………………………………………… 165
  第一节 研究总结 ………………………………………………… 165
  第二节 对未来的建议与展望 …………………………………… 178

附录 ………………………………………………………………………… 184

图表索引 …………………………………………………………………… 195

参考文献 …………………………………………………………………… 197

第一章　中医院校德育工作概述

第一节　中医院校德育的内涵

随着互联网技术的发展和智能时代的来临，德育面临着新的机遇和挑战。在德育理论研究和工作实践等方面，我们既要积极吸纳其他文化中的精华成分，与时俱进，适应现代社会发展需要，又要解决当今时代的共性问题。德育的发展同时带有明显的地域性，德育的大环境直接受地缘政治影响，包括德育目标、德育内容等，因此我们更要立足国情，充分考虑我国独特的历史文化，坚持自身的发展方向。

一、德育的含义

在西方教育体系下，德育主要是指道德教育，与此不同的是，我国学术界认为教育学中的德育涵盖范围更广，包括培养学生的思想品质、政治品质和道德品质。[①] 随着时代的发展，在学术界和教育界中德育的内涵有了新的扩展，一般可以分为广义和狭义两个层面的理解，前者是从德育的功能性角度出发，后者则是从德育的词源学以及可研究性的角度出发。[②] 具体如图1-1所示。

---

① 王道俊，王汉澜. 教育学[M]. 北京：人民教育出版社，1989：330.
② 易连云. 德育原理[M]. 武汉：武汉大学出版社，2010：37.

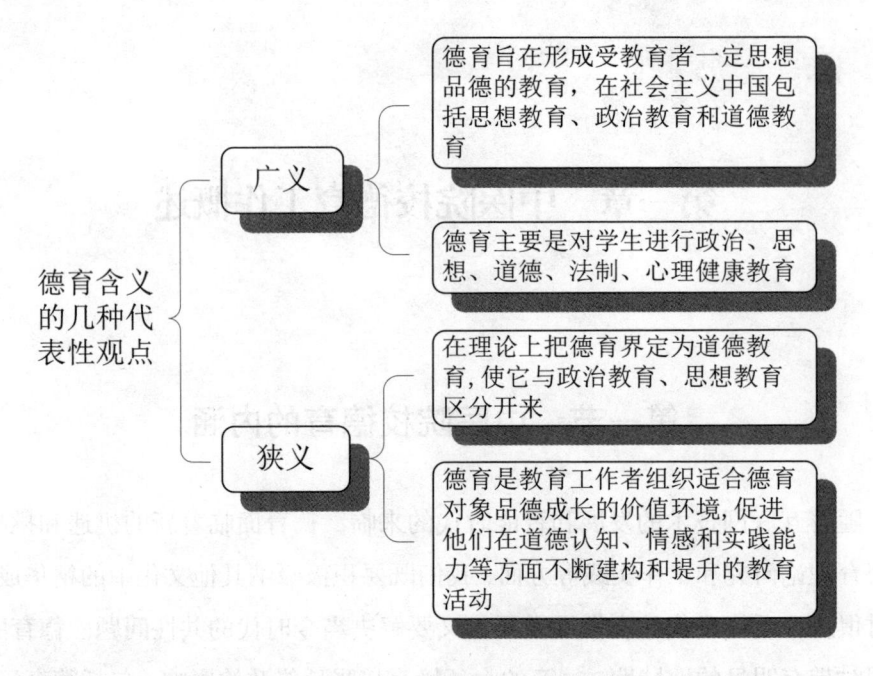

```
                    ┌─ 广义 ─┬─ 德育旨在形成受教育者一定思想
                    │        │   品德的教育，在社会主义中国包
                    │        │   括思想教育、政治教育和道德教
                    │        └── 育
德育含义            │        
的几种代 ──────────┤        ┌─ 德育主要是对学生进行政治、思
表性观点            │        └── 想、道德、法制、心理健康教育
                    │        
                    │        ┌─ 在理论上把德育界定为道德教
                    │        │   育，使它与政治教育、思想教育
                    │        └── 区分开来
                    └─ 狭义 ─┤
                             │  ┌─ 德育是教育工作者组织适合德育
                             │  │   对象品德成长的价值环境，促进
                             │  │   他们在道德认知、情感和实践能
                             │  │   力等方面不断建构和提升的教育
                             └──┴── 活动
```

图 1-1　德育含义的几种代表性观点

新时代建设有中国特色社会主义背景下，德育进入了全新的历史发展阶段，高等院校作为实现德育系统化的重要场所，将在培养学生人生观、价值观的过程中发挥巨大作用。党的十九大报告指出："青年一代有理想、有本领、有担当，国家就有前途，民族就有希望。"站在民族复兴和家国情怀的高度，要积极引导广大青年树立正确的人生观、价值观和幸福观。[1] 高等教育时期是青年学生步入社会前的过渡阶段，在德育体系中占有重要地位，与其他时期的德育相比，高校德育切实担负着保障中华民族伟大复兴之路正确航向的历史使命。高校的德育是有中国特色社会主义的德育，要坚持以马克思主义为指导，立足中华优秀传统文化，结合新时代的实际情况，积极构建以德为先、立德树人的德育体系。德育的基本目标如图 1-2 所示。

---

[1] 温小平. 马克思主义研究文库 新文化史视域下思想政治教育叙事研究 [M]. 北京：光明日报出版社，2022：180.

图 1-2　德育的基本目标

我国高等院校教育具有社会主义属性，高等教育的核心目标之一是培养具有高素质的优秀人才，培养大学生认同社会主义核心价值观，塑造完善的人格，这也是实现中华民族伟大复兴中国梦的内在要求，而德育在人才培养过程中不可或缺，是青年学生政治素质和人文素质养成的重要途径，更是塑造学生全面发展、提升综合素质的重要保障。高等教育作为培养高素质人才的主要场所，应注重和突出大学生人文素养的养成和熏陶，让他们不仅在专业知识和技能上获得相应成长，更要培养其良好的道德素质和人文素养。德育是高校教育工作的核心内容，它不是简单的价值观引导，更不是单一的知识传授，而是大学生社会化过程的重要环节。当他们步入社会、参与社会活动时，其作为一个个体便开始了社会化进程。这个过程受所处社会环境影响，包括社会所提供的物质和思想环境、价值导向等，同时个体的选择也至关重要。在此过程中，德育影响着如何进行社会化及通过什么方式进行社会化，高校德育的目的就是通过这些因素的综合作用，对大学生进行影响和塑造。

二、中医院校德育的内蕴

从本质上来说,德育是为了满足社会及其成员需要的一种教育活动。正如马克思所言:"人们为之奋斗的一切,都与他们的利益有关。"[①] 对于中医院校来说,它们的"利益"即培养目标,是培育具有高尚品德和高级技能的专门人才;对于大学生群体而言,成才和发展是他们最大的"利益"。因此,中医院校德育的内涵本质在于全面提升学生的道德品质和人文素养,培养具备中医药专业知识技能和高尚道德情操的优秀人才。通过理论教学、实践活动和文化熏陶,全面提升学生的综合素质,帮助他们在未来的职业生涯中成为有道德、有能力、有担当的新时代中医药专业人才。

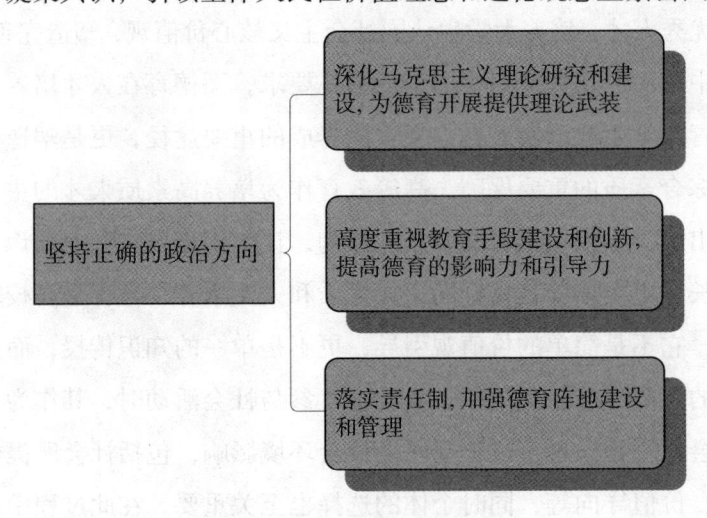

(一)中医院校德育必须始终坚持正确的政治方向

坚持正确的政治方向是中医院校德育工作的前提保障,具体表现如图 1-3 所示。中医院校德育工作本身就意味着要推进新时代中国特色社会主义思想深入人心,凝聚共识,引领全体人民在价值理念和道德观念上紧密团结在一起。

坚持正确的政治方向
- 深化马克思主义理论研究和建设,为德育开展提供理论武装
- 高度重视教育手段建设和创新,提高德育的影响力和引导力
- 落实责任制,加强德育阵地建设和管理

图 1-3 坚持正确的政治方向

---

① 李锐. 挖掘中医优秀人文资源,拓展中医院校德育内涵 [J]. 甘肃中医学院学报,2007,24(4):55- 封 3.

历史经验告诉我们，当德育能够准确、坚定地引领大学生坚持正确的政治方向时，便能取得显著成效。做好中医院校的思想政治工作，是一项伟大的战略工程、铸魂工程，是关乎中医院校全面落实教育改革的大事。

（二）中医院校德育要注重培育和践行社会主义核心价值观

社会主义核心价值观是当代中国精神的集中体现，凝结着全体人民共同的价值追求。[①] 社会主义核心价值观在多次会议上的明确阐述如图1-4所示。

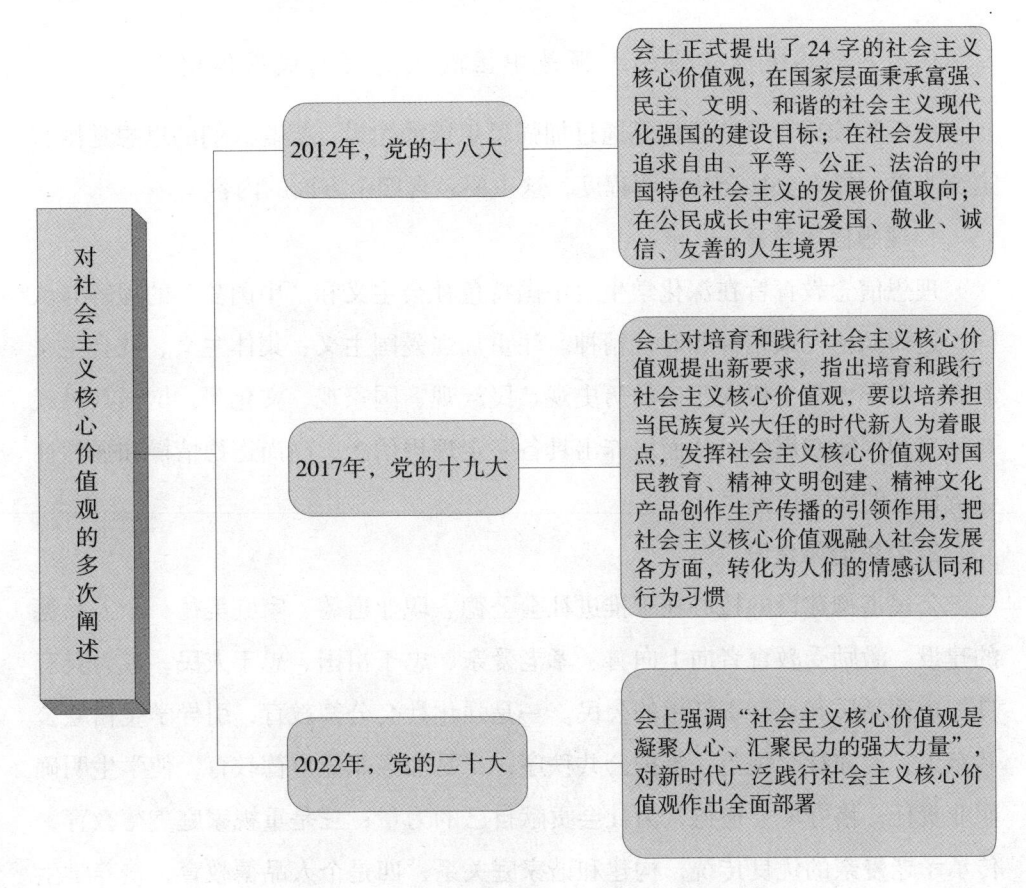

对社会主义核心价值观的多次阐述

- 2012年，党的十八大：会上正式提出了24字的社会主义核心价值观，在国家层面秉承富强、民主、文明、和谐的社会主义现代化强国的建设目标；在社会发展中追求自由、平等、公正、法治的中国特色社会主义的发展价值取向；在公民成长中牢记爱国、敬业、诚信、友善的人生境界

- 2017年，党的十九大：会上对培育和践行社会主义核心价值观提出新要求，指出培育和践行社会主义核心价值观，要以培养担当民族复兴大任的时代新人为着眼点，发挥社会主义核心价值观对国民教育、精神文明创建、精神文化产品创作生产传播的引领作用，把社会主义核心价值观融入社会发展各方面，转化为人们的情感认同和行为习惯

- 2022年，党的二十大：会上强调"社会主义核心价值观是凝聚人心、汇聚民力的强大力量"，对新时代广泛践行社会主义核心价值观作出全面部署

图1-4 对社会主义核心价值观的多次阐述

社会主义核心价值观是一个民族赖以维系的精神纽带，是一个国家共同的

[①] 马雷，王歆. 新时代高校思想政治工作研究 [M]. 天津：天津人民出版社，2021：120.

思想道德基础[①]，其构建起了大学生的思想精神之"魂"。中医院校德育应聚焦于培育担当中医药行业发展及民族复兴大任的时代新人，强化教育引导和社会主义核心价值观的引领作用，把社会主义核心价值观深入融合到学生个体发展的各个层面，使其成为学生情感认同和行为习惯的一部分。一方面，中医院校应加强对包含中医药文化的中华优秀传统文化的传承教育，使学生深刻理解和领会其中的核心价值、道德规范和精神内涵；另一方面要结合时代要求继承创新，面向现代化、面向世界、面向未来。

（三）思想道德建设的加强是中医院校德育的成果体现

中医院校德育最终目标是通过加强思想道德建设，提高人们的思想觉悟和道德水平，提高全社会的文明程度，这主要包含四个方面的内容。

1. 理想信念教育

理想信念教育旨在深化学生对中国特色社会主义和"中国梦"的理解与认同，进而弘扬民族精神和时代精神。注重加强爱国主义、集体主义、社会主义教育，引导大学生树立正确的历史观、民族观、国家观、文化观，增强其民族自豪感和国家归属感，从而培养出具备坚定理想信念、高尚道德情操和强烈社会责任感的新时代青年。

2. 公民道德建设

公民道德建设的核心在于推进社会公德、职业道德、家庭美德、个人品德的建设。激励受教育者向上向善、孝老爱亲、忠于祖国、忠于人民，成为具有良好道德品质和社会责任感的公民。一是强化社会公德教育，引导学生树立公共意识，遵守社会规范，维护公共秩序；二是加强职业道德教育，使学生明确职业责任，恪守职业道德，为社会贡献自己的力量；三是重视家庭美德教育，传承孝老爱亲的优良传统，构建和谐家庭关系；四是个人品德教育，培养学生诚实守信、正直善良的品质，形成健全的人格。

---

① 刘玉瑛，赵长芬，王文军. 读懂新征程200关键词[M]. 北京：中国民主法制出版社，2023：165.

3. 思想政治工作

思想政治工作的主要内容为弘扬科学精神，普及科学知识，以引导学生形成科学的思维方式和行为习惯，致力于开展移风易俗、弘扬时代新风的行动，以促进学生形成符合时代要求的价值观念和行为准则；同时还包括积极抵制腐朽落后文化的侵蚀，通过加强校园文化建设、举办主题教育活动等方式，引导学生树立正确的文化观念，增强文化自信。

4. 诚信建设和志愿服务

诚信建设和志愿服务的核心是强化受教育者的社会责任意识、规则意识和奉献意识。诚信建设旨在通过系统的教育活动和校园文化熏陶，引导学生树立诚信为本的价值观，强化其社会责任意识。通过加强诚信教育，学生能够深刻理解诚信对于个人成长和社会发展的重要性，自觉践行诚信行为，形成良好的诚信风尚。志愿服务能够有效提升学生奉献意识，通过参与志愿服务活动，学生能够亲身体验到奉献社会的快乐和成就感，增强对社会的责任感和使命感。

（四）中医院校德育必须坚持以人为本

中医院校德育始终是关于人的工作，必须以尊重人的主体地位、促进人的全面发展为原则。中国现代以人为本思想（即人本思想）是马克思关于"人的全面发展"理论在新时期的创造性发展，也是在高校德育实践中的具体应用。它吸收了古今中外人本思想的合理部分，是"全心全意为人民服务"的根本宗旨在高校德育领域的本质体现。中医院校德育必须坚持人本思想，以学生为中心开展德育工作，促进学生的全面发展，这是中医院校德育目标的根本追求，也是其德育目标的题中之义。

（五）中医院校德育的实践性

实践性是中医院校德育的应有之义，它强调德育的真实性和有效性，只有在实践中学生才能真正体验、理解和内化德育的内涵，从而检验德育的效果。

实践既是中医院校德育的最终目标，也是实现这一目标的有效手段。实践作为目标，意味着实践社会主义道德，帮助学生形成一种道德的生活方式，这是德育追求的高阶段目标；实践作为手段，是指教育者应当深刻理解实践在个体道德形成、发展及道德之个体意义实现中的关键作用，将实践作为促进道德发展的源泉。可以通过组织各种形式的实践活动，如班团活动、实习调研、社会实践、志愿者活动等，让学生在实践中感受道德的力量，体验道德的价值，从而推动学生道德水平的提升。

目前，中医院校德育不断拓展活动内容和范围，从班级、学校到家庭、社会，从班团活动、实习调研到社会实践、志愿者活动，不同主体、多种形式为学生提供了丰富的道德体验，助力学生成长。高校思想政治课虽然以课堂为主，但也越来越重视实践的重要性，通过提高实践教学比重，让学生在动手实践和亲身体验中收获道德启迪、感悟德育魅力、践行德育认知。

第二节　中医院校德育的基本架构

改革开放以来，特别是中国特色社会主义进入新时代，在政府的引领下，经过广大德育工作者的辛勤耕耘，高校德育在理论和实践领域都取得了长足的发展，中医院校德育也迎来了历史性发展机遇。中医院校德育是一项全面而系统的工程，涉及德育目标、内容构成、路径等多个环节，并随着社会的不断进步而发展。德育系统内的各个环节既相互联系又相互制约，共同构成了中医院校德育的完整体系。中医院校的德育架构也在不断地调整和完善，以适应时代的需求和变化。

一、中医院校德育目标

德育目标是教育目标的重要组成部分，是培养德才兼备、全面发展人才的重要内容，它和智育、体育等目标一起，构成了学校教育的总目标。确立德育目标是学校德育的首要问题，不仅对整个德育过程起着指导、调节、控制的作用，而且具有重要的理论价值和实践价值。[①] 德育目标是德育目的的具象化，以学

---

① 孙峰，龙宝新. 德育原理[M]. 西安：陕西师范大学出版总社，2020：104.

生的需要为基础，是德育实践预先设定的标准和要达到的高度，它具有主观性、客观性、实践性及民族性等特征，并受社会政治、经济、文化等条件制约。

（一）德育目标的影响元素

1. 效能元素

中医院校德育目标的确定来源于德育本身应有的效能。德育目标是德育效能从应然走向实然的桥梁，目标的设定要与德育效能的承受力相匹配，目标过高或过低都会使德育形同虚设。从社会发展角度来说，效能元素是指德育对社会发挥哪种程度的作用，体现为德育对社会政治、经济、文化等多方面产生的影响；从个体发展角度来说，效能元素是指德育对个人内在精神和外在发展的价值；从教育角度来说，效能元素是指德育对学生品德发展的推动和对健全人格的塑造。德育的效能元素决定了中医院校在育人方面能否培养出政治与思想合格、道德与心理健全的合格人才。从这方面来说，中医院校德育应以育人、培养人为目标。

2. 环境元素

在当今全球化的时代背景下，中医院校德育目标的长远规划及国际性显得日益重要。当今人们的道德及文化观念、生活与思维方式都或多或少受到了一定影响，这对德育目标引领学生的精神世界提出了新的要求。在高校教育改革不断深化的前提下，中医院校德育目标同样需要与时俱进。

3. 人的元素

德育的最终作用对象是人，而"人的本质并不是单个人所固有的抽象物，在其现实性上，它是一切社会关系的总和"[①]。人处于复杂社会关系中，同时随着社会关系的日益变化而不断发展，其思想和行为都深受社会关系的影响。社会在不断变革，人也就发生了改变，德育目标也应发生改变。中医院校德育的作用点是学生，他们的认知和思维发生了变化，德育目标必须随之相应调整，与时俱进。只有让学生真正融入社会活动，他们才能成为完全意义上的"人"，

[①] 加林. 意大利人文主义 [M]. 李玉成, 译. 北京：生活·读书·新知三联书店, 1998: 6.

而随着社会的发展和变迁，学生才能茁壮成长。

(二) 德育目标指向

德育目标指向是德育的出发点和最终归宿，为德育工作指明了清晰的发展方向，明确了具体前进目标，它是以德育工作的最终结果体现在受教育者身上的品质来衡量的，这些品质是德育工作最终成果的具体体现。

1. 人的全面发展

马克思主义理论中的人的全面发展要求"人以一种全面的方式，也就是说，作为一个完整的人，占有自己的全面的本质"。[①] 这里的人的全面发展指的是个人的全面发展，而每个人的全面发展是所有人全面发展的前提条件。所有人的全面发展并不是同质化的均衡发展，应该是带有个性特征的异质化发展，全面发展也不是所有方面的共同发展，而应是一个逐渐生成的过程。人的全面发展要求德育目标应关注培养人、发展人，对于中医院校来说就是关注学生的全面成长，让学生成人、成才，使每个学生都能得到平等而自由的发展。

2. 民族精神的培育

民族精神是一个民族在长期历史发展中形成的共同心理认同和文化自觉，它体现了一个民族的核心价值观、道德观念和行为准则。中医院校作为培养中医药人才的重要阵地，应将培育民族精神作为德育的重要目标，同时有责任也有义务将民族精神融入教书育人的全过程。大学生是社会主义现代化建设的有用人才，是民族的希望和国家的未来。面对新的历史条件，中医院校德育目标应强调大学生民族精神的培养，让民族精神内化为学生的精神力量，增强其文化自信和民族认同感，从而激发出巨大的民族凝聚力。

3. 国际视野的培养

中医院校德育目标的确立应充分考虑国内外社会现实与发展。当今我国中医院校教育已经着眼于世界和未来发展，在职业道德、公共道德等方面对学生进行引导，培养具有国际化视野且具有独立人格的高素质人才。目前国内外越

---

① 马克思，恩格斯.马克思恩格斯全集：第42卷[M].北京：人民出版社，1979：123.

来越多的中医院校建立了合作关系，双方不仅在知识、技能标准上达成了共识，也在基本素质和职业道德等多方面达成越来越多的共识。同时这让学生的思想、行为等都受到了一些影响，由于学生在心理行为上还未完全成熟，其思想和行为容易受到外部环境的影响，学校德育必须加强思想引领，在立足本国国情的基础上，放眼全世界。

二、中医院校德育内容构成

（一）生活化内容

中医院校德育的生活化内容指的是用符合学生实际生活的方式，让学生在日常生活中能够体会、理解和认同的德育内容。它的范围很广，包括理想信念教育、人格教育、爱的教育、民主政治教育等。德育来源于现实生活，最终也将应用于日常生活，只有充分反映生活实践的德育内容才能具有旺盛的生命力。

1. 生活化身份德育内容

马克思主义认为，人是一切社会关系的总和。[①] 人的社会性本质就意味着人从自然人到社会人的进化就在于承担多种社会角色的结果。[②] 以人为本的德育理念要求我们必须深入了解和尊重每一位学生的现实需求，注重学生的个体差异，以此推动其全面发展。大学生在学校、家庭及社会等不同场合扮演着不同的角色，而这些角色都有其侧重的德育需求，中医院校应根据角色的不同开展有针对性的德育工作，提升德育工作的实效性。从高校教育改革和社会发展现实来看，身份德育是对中医院校德育精细化、多层次、全方位发展的时代要求。

随着时代的发展，中医院校需要培养多层次、全方位发展的专业化人才，这就需要德育内容的多元化来适应社会的发展。从学校层面来说，高校教育改革要实现学生全面发展目标，这就要求学校关注课堂内外德育内容的变化，把德育与现实生活紧密联系起来，注重德育的实效性，利用多路径、多样化的德育方式，进行多层次德育；从学生层面来说，现今的大学生思维开阔，行为方

[①] 华建玲.高校思想政治工作有效性研究[M].南京：河海大学出版社，2022：54.
[②] 路海东.社会心理学[M].长春：东北师范大学出版社，2002：283.

式个性化、多样化，对于德育的诉求也是多元的，身份德育成为了其内在诉求。中医院校可以通过设定身份德育目标，强化学生身份意识并促进身份认同，以行为为导向、实践为根本，打造身份德育内容的丰富性。

2. 生活化课堂德育内容

课堂是学校德育的主要阵地，在现在及未来的大学课堂中，要想提升课堂德育效能，必须在传授知识和技能的同时，以学生为主体，教师为主导，通过德育课堂情境设计，把课堂话语权交给学生，增强学生在课堂上的德育内容体验。心理学研究表面，在道德认知、道德情感、道德意志和道德行为这四个维度中，道德情感具有核心位置。道德情感的生成是建立在道德认知的基础上，即首先要接受所学道德知识，然后是情感上的共鸣。从这一点上来说，课堂德育中能引起学生道德情感共鸣的教育才具有好的效果。

3. 生活化集体德育内容

人是社会性动物，在社会互动中获取必需的资源是人自身生存与发展的前提，而人与人之间在社会互动中逐渐形成的为大多数人所公认的价值准则和规范最终凝聚成社会的核心价值观。[①] 中医院校必须充分认识到集体生活对学生全面发展的巨大作用，德育在学生社会化过程中应从人的社会性特质中寻求集体德育的重要意义。这里我们引入一下团队的概念，以便更好地解释集体概念。美国组织行为学大师、著名的管理学教授斯蒂芬·罗宾斯提出，团队是为了实现某一目标而由相互协作的个体所组成的正式群体。[②] 团队具有个人不具有的功能，具体如图 1-5 所示。

[①] 叶荣国，路丙辉. 高校思想政治理论课思想道德与法治教学创新与实践详案丛书 思想道德与法治教学关键词 [M]. 芜湖：安徽师范大学出版社，2022：162.
[②] 钟一彪. 实践的理路 [M]. 广州：中山大学出版社，2020：99.

团队间共同形成的情感、归宿、自我实现等心理需要，能够激发团队在知识与技能传授、人格塑造等方面的作用

团队通过协作，整合团队内资源，可以达到完善个人的目的

图 1-5　团队的功用

如今高校里团队性质的学生团体众多，以学生为主体的团体及团队建设越来越受到学校的重视。在大学生活中，每个学生都是某个团体或多个团体的一员，其大学生活是多层次、立体化的。各个团队成员间的同辈交往中，均具有相似的兴趣爱好、相一致的活动目标和同步性的生活方式等特点。大学中的团体大致分类具体见表1-1。

表 1-1　大学团体分类

类别	功能	团体名称	要求与目的
传统文化类	弘扬中华传统文化，进行乐器、舞蹈、诗歌等经典传统文化的创作、演出、学习	诗歌社、戏剧社、传统乐器协会等	通过追忆、学习中华传统文化，传承中国优秀的传统文化，让学生们能够理解中国传统文化，提高文化品位，增强文化自信
学术类	主要以学术研究和学科交流为功能要求，是大学中重要的学术组织形式	数学学会、物理科技协会、文学社等	社团成员主要来自同一学科专业，通过成员之间的交流探讨、分享，并举行学术讲座、论文报告等途径，提高大学生的学术素养，拓展眼界

续表

类别	功能	团体名称	要求与目的
文娱类	以娱乐、文化交流为主要功能，通过集会活动、公益活动、文化演出、旅游等方式，创造生动、有趣、富有意义的活动内容	话剧社、歌舞社、民乐社等	社团的成员可以不分学科和专业，因为这类社团重在参与和展示
公益类	注重社会服务以及志愿活动，能够深入到社会当中，为困难群体进行一些爱心活动或者是物质帮助	公益团体、爱心社、义卖会、宣传组等	增强大学生的爱心和责任感、感受社会温暖、拓宽视野
运动类	强身健体、打造团队精神、增强协作和合作能力	羽毛球社、足球社、篮球社、拳击社、跑步社等	让学生从汗水和运动中得到快乐和成长

学校应针对不同学生团体开展多元化和内容丰富的德育活动，以此构建一个多层次、体系化的德育内容系统。在集体德育主体方面，学校应积极引导学生为主的各类团体组织发挥自主性，让学生们在团队协作中深化德育理念，通过团队内化作用形成德育学习的内部动力机制；在集体德育途径选择上，学校应依据不同团体的各自特点，采用与之想匹配的方法开展德育活动，利用校内外资源丰富集体德育内容，提升德育学习的有效性，促进学生的全面发展。

（二）社会化内容

随着高校教育改革的不断深入，中医院校德育内容业已逐步从偏重理论知识的讲授转向生产生活实践，转变后的德育关注内容以社会发展为基础，关注重点与社会发展需要紧密相连，通过将德育内容巧妙地融入人们的日常生活和社会实践中，德育不再是高高在上的理论，而是变得更加接地气，更贴近人们的实际需求，由此出现了德育社会化内容，这也是德育内容的社会化过程。

1. 生态德育

生态德育是德育社会化的重要内容。生态德育的本质是人们思想观念的深刻转变与生态道德意识的形成，通过生态德育的开展，让人们具备良好的生态道德及生态保护行为。而生态德育的形成，离不开学生主体的心理塑造，这包括他们对生态德育的深刻认知、积极情感、坚定意识和自觉行为等内容，只有这样才能共同构筑起坚实的生态道德防线。2012年11月，党的十八大把生态文明纳入中国特色社会主义事业"五位一体"的总体布局，明确提出："大力推进生态文明建设，努力建设美丽中国，实现中华民族永续发展。"[①]2017年10月，党的十九大报告首次把"美丽"纳入社会主义现代化强国目标，把坚持人与自然和谐共生作为坚持和发展新时代中国特色社会主义的基本方略之一，并从推进绿色发展、着力解决突出环境问题、加大生态系统保护力度、改革生态环境监管体制四个方面提出了加快生态文明体制改革、建设美丽中国的战略部署，开创了中国特色社会主义生态文明建设的新时期。[②]2022年10月，党的二十大报告中提出："推动绿色发展，促进人与自然的和谐共生。"[③]

为了牢固树立全社会的生态文明观念，德育工作者必须主动出击，积极行动，持续深化学生的生态道德认知，激发学生的生态道德情感，培养学生的生态道德意识。通过引导学生的生态道德行为，使他们成为生态环境保护的先行者和坚定践行者，引领生态环境保护的社会风尚，为构建美丽中国贡献青春力量。

2. 网络德育

网络德育是德育社会化的重点内容。中医院校学生是网络信息化的受益群体，网络已经成为中医院校德育工作开展的主要阵地，当今的德育工作已经离不开网络。当前我国网民规模已逾10亿，互联网俨然构成了一个数字社会，[④]而大学生群体是其中的重要组成部分。网络德育内容将成为学校德育工作的重点内容，原因如下：

（1）网络具有开放性和自由性的特点。大学生因为心理上处于青年期，容易受到环境和文化因素的影响，由于网络的空间开放性和言论自由性，导致

[①②] 李明雪，朱显峰. 化学污染与生态保护[M]. 开封：河南大学出版社，2021：270.
[③] 本书编写组. 2022党的二十大报告关键词[M]. 北京：党建读物出版社，2022：166，167.
[④] 之江轩. 一颗文心济时代：下[M]. 杭州：浙江人民出版社，2023：950.

网络舆情复杂，而大学生极易受其影响。中医院校应积极利用开展网络德育内容工作，正确引导，避免互联网有可能带来的消极影响。

（2）随着网络的迅猛发展，世界变成了真正的"地球村"，国内外各种信息和舆论如潮水般涌来。在这个信息爆炸的时代，大学生由于接触面广，不可避免地会接触到各种价值观和道德观念，这容易让其心理产生道德矛盾。此时的德育内容应注重培养学生的道德判断和道德选择能力，让其学会在复杂的信息中明辨是非，成为有道德、有责任感的新时代青年。

（3）德育工作的本质是运用话语体系树立话语权进而实现教育目的的教育实践活动。网络时代下德育话语权产生了新的变化。一方面，由于网络的广泛传播性，学校德育主体的话语权得到了极大的释放和提升，网络的发展为提高话语权的影响力提供了新的机遇；但另一方面，德育话语权在网络传播中会出现"流失"或"稀释"的现象，再加上话语平台建设和话语权行使机制的不完善，削弱了德育工作者的话语权。如果受教育者缺乏正确引导，在个人主观判断失误或受到不良影响的情况下，会导致道德话语权的滥用和话语权失范现象的产生，影响德育工作的开展。

网络德育是中医院校德育内容的新方向，要想在这个方向上走出中国特色，德育工作者要深入探究网络特性，研究其对德育内容、方式、途径及对象等的影响。借助网络环境开展有针对性的网络德育，引导大学生正确开发和利用网络资源，激励其自觉遵循网络规范；同时要提升大学生对网络风险的识别与防御能力，增强网络自律，帮助他们树立健康的信息技术道德观，形成强大的网络德育合力。

三、中医院校德育路径

德育路径是指"教育者对大学生实施德育时可以利用和选择的路径，是实现学校德育目标、落实德育内容的组织形式，是做好德育工作不可缺少的重要条件"[①]。中医院校德育通过多样化的德育载体和方式，在不同场域以多种媒

---

① 陈友放.整体构建大学德育途径体系刍议[J].黑龙江高教研究，2011（8）：113-115.

介培养人的德行。不同的德育载体在开展德育过程中，可以为教育主体承载和传递不同的德育内容。德育载体的构成及特点如图 1-6 所示。

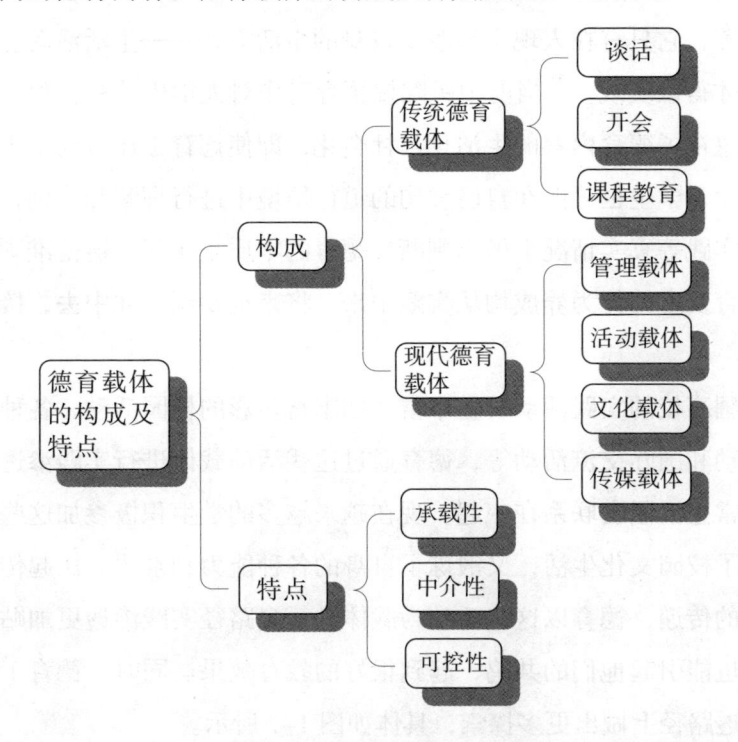

图 1-6　德育载体的构成及特点

中医院校德育载体的选择必须以德育内容为依据，与德育方法及实践活动相匹配。随着时代的发展，德育载体需要根据教育主体、内容和方法的不断变化而持续创新。德育载体的不同决定了德育路径的多元化，当前中医院校德育的主要方法包括思政课程的开设、开展多样化的校园活动和社会实践活动、营造校园文化等。前面提到随着社会经济、科技及文化等条件的变化，德育内容出现了生活化和社会化发展，德育载体有了新的变化，带来的是德育路径的多元化。德育工作者应着重探寻德育主体间的活动方法与路径，提升德育的渗透性与有效性。

（一）实践渗透

中医院校德育要实现其有效性，仅仅局限于书本和课堂是不够的，闭门造车式的自我修养同样无法达到要求，必须把理论教学与实践活动紧密结合起来。要改变和完善人之德性，既不能只从外部施加影响，同样也不能只是封闭式地提升自我修养，它只有在人现实地改变自身的生活方式——生活活动、生活关系的过程中才得以实现。[①] 当前中医院校德育工作对大学生的社会化实践活动重视不足，忽视了德育内容的生活化、社会化，即使德育工作者向学生传递再多的德育理念，学生也只能在自己虚构的道德情境中进行理解和辨别，无法在自我体验和实践等真实情况下做出判断。德育的本质是实践，道德准则认知、道德情感培育及道德行为养成均从实践中来，将来也要到实践中去，接受实践的检验。

目前我国高校的实践活动日益丰富，如丰富多彩的校园活动、各种类型的校外实践活动和国际交流活动等，德育通过这些活动载体进行实践渗透，把德育与学生日常生活紧密联系在一起。现在越来越多的学生积极参加这些实践活动，既丰富了校园文化生活，又锻炼了自身的各种能力和素质。比起传统说教式德育内容的传递，德育以这些活动为载体进行多路径实践渗透更加贴近大学生的实际，也能引起他们的共鸣，起到很好的教育效果。同时，德育工作者还应在实践渗透路径上做出更多探索，具体如图1-7所示。

[①] 鲁洁.道德教育的根本作为：引导生活的建构[J].教育研究与评论（中学教育教学），2010(10):91.

探索更多活动载体，拓展德育实践渗透路径

细化实践路径，使之与学生心理和能力的发展相适应

对不同时间方法进行评估与改进

在实践中激发学生的积极性和主动性

图1-7　德育实践渗透路径的更多探索

（二）红色文化浸染

红色文化是优秀的中国共产党人在继承了中华民族传统文化的基础之上，结合国内发展实际，汲取现实斗争经验，不断进行扬弃、创新而来。红色文化中的宝贵精神财富是属于整个中华民族的文明成果，它滋养着中华民族的精神世界，是支撑中华民族文化自信的重要载体。[①] 红色文化作为先进文化形态，是培养文化自觉与自信的基石，是捍卫国家文化安全的天然堡垒，更是推动文化繁荣和民族复兴的关键动力。弘扬大学精神、助力学生健康成长，必须传承与创新红色文化。这不仅是对历史的尊重，更是对未来的担当。

中医院校以红色文化浸染的方式开展德育工作，是培育学生文化自觉和文化自信的重要路径。通过一系列实践活动，学生们能够更深刻地领悟红色文化的精髓，让道德教育慢慢浸润学生的心田。通过组织唱红歌、读红书、看红色电影等活动，学生们能够在歌声和字句中感受红色革命的历史与精神，激发爱国热情，更加深刻地领悟中国精神的历史脉络和形成轨迹。在红色文化的浸染下，大学生能够更加明确个人的价值目标与理想信念，在面对思想诱惑时，他

---

① 徐初娜. 红色文化与高校思想政治教育耦合发展研究 [M]. 北京：新华出版社，2022：66.

们能够辨明是非，坚守信念，提升精神层次和高度，学生们的社会责任感和使命感得到增强，为成为具备高尚医德和坚定信念的医学人才奠定了坚实基础。

（三）隐性影响

德育的路径作为教育的一种方式方法，其变化取决于德育工作者、学生及教育环境的不同。大学生的群体性特征尤为明显，在学习和生活中容易受到周围人群的影响，有一定的从众性。社会心理学研究表明，行为对人的影响比单一的思想沟通更大。学者阿希曾进行过从众心理实验，结果在测试人群中仅有1/4~1/3的被试者没有发生过从众行为，保持了独立性。[①]由此可见，从众性是一种常见的心理现象，这种现象在大学生群体中尤为明显。大学生在学校、社团、课堂、宿舍大多都是以群体活动的方式出现，容易受到周围人和事的影响，极易产生从众心理。这一常见心理现象为德育隐形影响路径提供了更多的可能性。

传统德育方法多数简单而直接，学生接受度不高，而隐形影响通过"润物细无声"的方式，让学生在耳濡目染和潜移默化中习得所传递内容，这种"隐蔽性"德育路径更能提升其有效性，更容易让受教育者接受。德育隐形影响路径如下。

1. 学校物理环境建设

中医院校应通过精心规划校园的整体建设布局，包括建筑物、学习及生活设施文化品布置等物理环境，让校园成为一个充满德育元素的教育场所，来隐性影响大学生德育。

（1）建筑设计融合德育内涵。通过建筑风格的设计和材料的运用，展现中华民族的历史文化底蕴，让学生感受到深厚的文化积淀和道德传承。在建筑设计中融入德育的元素，如使用象征诚信、责任、公正等道德价值的符号或图案，让学生在校园学习和生活中不断接触和感受这些价值。

（2）校园内的景观与道路设计。在景观设计方面，学校可以设计富有教育意义的景观，如道德故事墙、名人雕塑等，让学生在欣赏美景的同时，也能

---

① 陶国富，王祥兴. 大学生挫折心理[M]. 上海：立信会计出版社，2006：205.

受到道德教育的熏陶；在道路命名方面，学校可以给校园内的道路命名如"诚信路""责任桥"等，让学生在行走中感受道德的力量，培养他们的道德意识。

（3）文化布置。在校园内设置文化墙，展示中华民族文化传统、道德理念、价值观念等，让学生在浏览中深入感受德育，激发他们的道德情感。学校还可以利用宣传栏定期发布德育的相关信息，如道德模范事迹、道德故事等，让学生及时了解德育的最新动态，增强他们的民族认同感。

2. 学校软环境建设

中医院校应致力于用教学、管理、服务等软环境来强化对大学生的道德感化。这种软环境在提供教学和生活服务的同时，可以在潜移默化中影响大学生德育。同时，学校还应积极营造校风、学风、师风等，创造积极向上的氛围，让大学生在这样的环境和氛围中接受道德教育，形成一种积极的价值观和人生观。

（1）强化课堂德育。在课堂上，将德育内容渗透到各个学科中，使学生在学习专业知识的同时，也能接受到道德文化的熏陶。各科教师作为道德示范者，要注意在课堂上的言行举止，这对德育工作有着深远的影响。

（2）强化管理育人。学校应通过规范、公正、公平的管理，培养学生的规则意识和纪律性。在管理过程中，注重培养学生的道德责任感和自律能力，让他们成为有担当、有责任感的人。

（3）倡导服务育人。学校首先应为广大师生提供优质的服务，让师生在享受服务的过程中感受到学校的关怀和温暖。在服务中，注重培养学生的道德情感，如尊重他人、关心他人、乐于助人等。

（4）校风建设。学校应树立良好的校风，注重培养学生的团结协作、诚实守信、勤奋好学等品质。通过举办各类校内外活动，让学生在实践中体验德育，感受道德的力量。学校还应加强德育的宣传引导，利用校园广播、校报、网站等媒体平台，宣传道德教育的理念和成果，引导学生树立正确的价值观和人生观。

（5）学风建设。学风是学生学习态度和方法的集中体现，也是学生道德素质的重要体现。学校应倡导严谨、求实、勤奋、创新的学风，引导学生树立正确的学习观念和方法，良好的学风也是德育工作开展的基础。

（6）师风建设。教师是学生的引路人，师风的好坏直接影响到学生的成长。学校应加强对教师的师德教育和管理，倡导敬业、爱生、奉献、创新的师风，让教师成为学生道德学习的楷模。

3. 德育隐性影响路径的更多探索

在从众心理影响下，高校应该将隐性德育方法的范围扩大，寻找有利于德育开展的新路径，具体见表1-2。

表1-2　德育路径的探索

探索依据	路径
大学生的多种身份	身份德育路径
大学生思想、行为上具有相似性，追求上的一致性便于激发集体智慧	朋辈德育路径
	集体德育路径

（四）网络渗透

网络尤其是手机媒体的兴起，改变了人们的生活、行为习惯。[1]对于大学生来说，手机等移动网络客户端已成为其沟通外部社会的重要桥梁，也是其获取各种咨询的主要渠道。互联网已经成为大学生学习和生活的重要场所，随着各种专业App、公众号的出现和普及，大学生的学习方式和习惯已悄然发生了改变。传统以课堂灌输、谈话、开会等形式为主的德育手段越来越受到大学生的排斥，极大地影响了德育效果。在互联网时代背景下，中医院校应积极采用容易为大学生接受的德育途径，增强网络互动，利用网络文化传播的吸引力和感染力，如利用热点事件讨论等方式，解决新形势下大学生出现的思想和行为新困惑。要不断推进大学生思想道德教育网络文化话语创新、设置、传播、交锋实践，提升大学生思想道德教育网络文化话语的整体能力。[2]

当今互联网以其惊人的传播速度和广泛影响力，正逐步成为传播社会主义先进文化的重要阵地。这一平台不仅为人们提供了丰富的公共文化服务，还促

---

[1] 邵瑞. 高校辅导员媒介素养[M]. 济南：山东人民出版社，2015：35.
[2] 骆郁廷，魏强. 论大学生思想政治教育的网络文化话语权[J]. 教学与研究，2012(10)：74-81.

进了人民精神文化生活的健康发展。通过互联网，我们可以更便捷地获取各种文化资讯，深入了解社会主义先进文化的内涵。在发展如此迅猛的信息化时代，中医院校要在德育路径上与时俱进，充分利用现代化的科学技术和多元载体开展德育工作，不仅要在传统德育方法上进行创新，还要探索德育跨空间组合的新模式，以德育目标为中心，进行纵向或动态的德育方法组合；充分利用网络对大学生强大的吸引力，以及网络自身的即时性、互动性等特点，加强德育工作者与学生之间的沟通交流，使德育工作更加贴近学生实际，从而提高德育工作的实效性，为培养具有高尚品德的新时代合格人才奠定坚实基础。

第三节　中医院校德育共同体多维诠释

一、中医院校德育共同体的内涵

（一）共同体的含义

共同体并不是我国传统的汉语词汇，而是一个"舶来品"，英语的共同体通常被翻译为"community"，与团体、集体等词语相关，代表着人类的某种生活样态。从共同体的字面意思来看，共同体是涉及内部成员间的一种关系模式，不同的共同体含义表达对应着其各自涉及的不同关系模式。共同体的广义概念是指一切具有共同性的关系模式组成的人的集合体；其狭义概念是指要表达一种以一定关系模式做出具体指称的人的集合体。

德国著名社会学家滕尼斯（Ferdinand Tönnies，1855—1936年）在其名著《共同体与社会》中对"共同体"的内涵有着精辟的阐述，他认为共同体是自然发展起来的对内外同时发生作用的现实的有机联合体，是建立在传统习惯法和共同记忆之上的由各种相互关系组合而成的综合体。[①] 滕尼斯的共同体理论重点强调了人与人之间的积极关系、共同意识及对共同体的认同感，他认为血

[①] 傅才武，余冬林著. 国家文化与国民文化的构造及其转换[M]. 武汉：武汉大学出版社，2021：310.

缘共同体、地缘共同体和精神共同体等是人类社会共同体的基本组成形式。其中精神共同体是共同体的最高发展形式，它本身便具有向往美好的集体意念，具有向善意味。

美国教育家约翰·杜威（John Dewey，1859—1952年）在《民主主义与教育》中将共同体的概念引入教育中。他提出了"学校即社会"，"学校主要是一种社会组织。教育既然是一种社会过程，学校便是社会生活的一种形式。"[1] 学校作为共同体的一种教育形式，让学生通过共同学习和榜样作用，提高自身的学习能力及水平，并在学习知识的同时树立"善"和"美"的理念。也有其他专家学者指出："教育共同体是基于一致的教育信仰，为了共同的教育目标，在培养人的社会实践活动中形成的有责任感的个体联合，或称之为教育者共同主体形态。"[2] 这些专家学者基于教育学视角提出的共同体是一种精神共同体，强调了教育者与受教育者的主体性，在这个共同体下教育者与受教育者为实现教育目标，相互学习与合作，共同完成教育活动。

马克思的理论中关于共同体的思想穿插于马克思和恩格斯的系列著作中，基于共同体概念的一般特点和表达方式，马克思的共同体概念可以概括为以人的生产实践关系为基础的人的集合体[3]。马克思提出的共同体是一种运动的且交互的社会生命存在体。在马克思主义理论中，有包括封建共同体、阶级共同体等多种类的共同体，这种划分揭示了人们生产、生活的多种组织样态构成，他认为真正的共同体是自由人的联合体与共产主义社会，属于人类理想的生活形态。

无论以上提到的哪种共同体，都具有如下相似性，具体如图1-8所示。

---

[1] 王东月. 友爱 幸福 开放 共生 幼儿园家园共育的探索与实践[M]. 北京：北京航空航天大学出版社，2021：21.
[2] 林上洪. "教育共同体"刍议[J]. 教育学术月刊，2009(10)：20-21.
[3] 晏扩明，张霄，李义天. 马克思共同体思想研究[M]. 重庆：重庆出版社，2023：66.

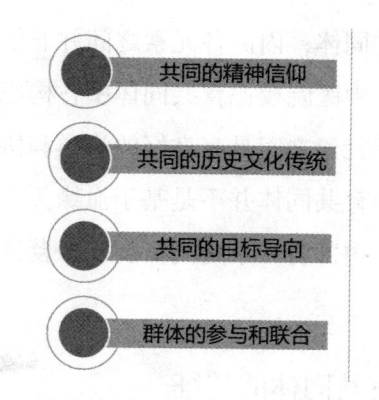

图 1-8　不同含义共同体的相似性

（二）中医院校德育共同体的内涵构成

德育本质上是一种个体完成道德上的社会化过程，培养某种德性素养，造就某种社会角色。德育共同体关注的重点是如何提升个体德性，二者的目标具有一致性。德育是教育的重要组成部分，也是教育过程的重要环节，在某些历史时期，人们眼中的教育就是德育。在我国现代教育体系中，德育是"五育"之首，立德树人是学校的中心工作。[①] 所以，中医院校德育共同体是教育体系下的共同体，有着共同的道德遵循，共同体成员在身份德育、课堂德育、集体德育及网络德育等不同场域中相互影响、共同发展，在教育及社会实践中形成责任有机体。

中医院校德育共同体不止是常规意义上的共同体概念，除了包含内部个体和集体概念，其内涵构成还包括德育的多种路径和不同场域，具体见表1-3。

表1-3　中医院校德育共同体的内涵

内涵构成	具体解释
个体层面	包括学生、教师（德育和专业课）、学校管理人员及其他成员
集体层面	包括学校、德育专业机构和企业等
路径和场域层面	身份德育、课堂德育、集体德育、网络德育，以及生活化、社会化德育

需要特别指出的是，中医院校德育共同体不是一个枯燥的机械系统，而是

---

① 余祯.蓬莱小镇 从"小社会"走向"大世界"[M].上海：文汇出版社，2023：34.

一个充满生命力的有机共同体；内部各元素之间并非松散的孤立发展，而是有着共同目标的融合发展。中医院校德育共同体中各构成元素具有共同的道德遵循和德育目标，且各构成元素之间具有良好的沟通和协作，共同致力于促进人的全面发展。中医院校德育共同体并不是基于血缘关系而形成的天然共同体，而是社会化产物，共同体内部各元素之间需要积极营造良好关系，向着同一个目标前进。

二、中医院校德育共同体的特征

（一）中医院校德育共同体的内生性

中医院校德育共同体的内生性是指德育共同体具有相同的文化传统。中医院校德育共同体是一种具有相同历史文化传统的精神共同体，在血缘共同体和地缘共同体上发展而来。相同的文化思想让德育共同体具有了强大的向心力和更紧密的团结性，从而具有内生性特征。相同文化思想的内容如图1-9所示。

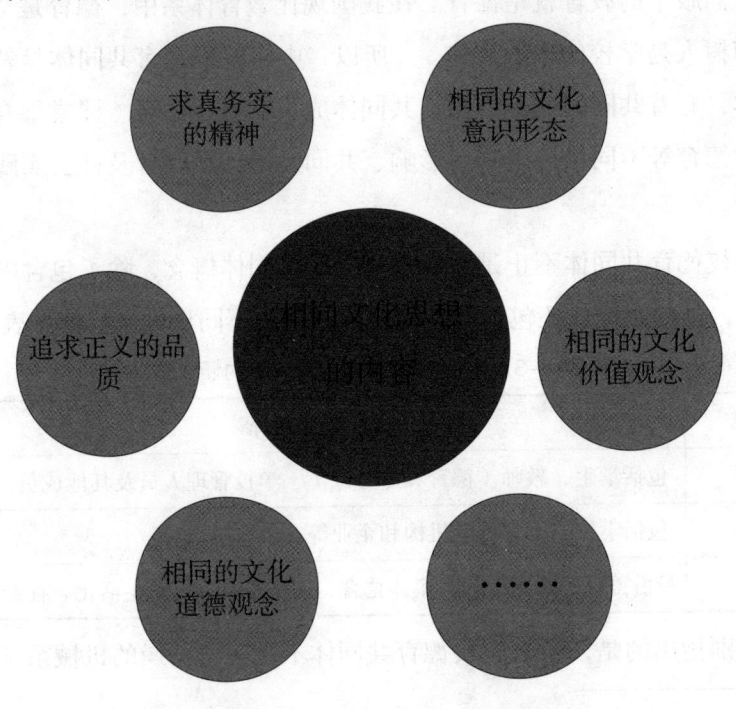

图1-9 相同的文化思想内容

相同的文化思想让德育共同体内部产生了归属感、认同感。中华上下五千年文明早已融入中华儿女的血脉之中，其中蕴含的中华民族的精神、思维及思想精华都深深地影响着人们的价值判断和行为方式。同时这些精神、理念和思想与当今社会主义核心价值观高度契合，成为中医院校德育的鲜活素材。中医院校德育共同体从某种意义上来说是一种文化共同体，根植于中国优秀传统文化土壤，在历史文化中不断获取精神养分，在新时代背景下赓续发展。

（二）中医院校德育共同体的协同性

中医院校德育共同体的协同性是指德育共同体具有共同的道德遵循。共同的道德遵循和价值认同是中医院校德育共同体存在与发展的前提和基础，并为其提供精神指引和行动准则。共同的道德遵循不仅是对个人品德的要求，更是对社会责任的担当；共同的价值认同从思想上来说就是对马克思主义思想的认同，从实践上来说就是对社会主义核心价值观的践行。共同的道德遵循和价值认同，使得中医院校德育共同体成员能够超越狭隘的群体意识，形成一个内部成员良性互动、具有内生动力的价值共同体。在这个共同体中，每一位成员都能感受到归属感和荣誉感，共同为实现德育目标而努力。

为了达成共同的道德目标和价值规范，德育共同体成员积极参与、坦诚交流、同心协力，共同形成一个生命有机体，并且随着德育目标的变化和成员素养的提高，德育共同体也在不断发展，个体成员也因此获得成长。立德树人，无论作为教育的根本任务，还是高校的立身之本，或者是作为高校思想政治工作的中心环节，其地位与重要性是确定不变的。[①] 立德树人的内在价值就是要塑造有信仰、有德性、有价值追求的人。立德树人蕴含着明确的价值方向，如果偏离了立德树人的根本任务，中医院校德育共同体就会背离立德树人的方向，就会违背德育的时代使命和要求，破坏德育共同体的协同性。

---

① 白显良，崔建西. 新时代立德树人的价值定位、时代内涵与实践要旨[J]. 思想理论教育，2018(11)：4–9.

（三）中医院校德育共同体的生态性

生态学从一开始关注的就是共同体、生态系统和整体，可以说，当生态学发展到人和自然普遍的相互作用问题的研究层次时，就已经具有了哲学的性质和资格，它已经形成了人们认识世界的理论视野与思维方式，具有了世界观、道德观和价值观的性质。[①] 生态理念的核心在于追求人与人、人与自然、人与社会的和谐共生。这种理念蕴含的深刻哲学思维和方法论意义，对德育实践具有重要的指导和借鉴意义。德育共同体并不是一个纯自然的生态系统，而是由教育者、教育对象、内外部环境等多元素共同作用，共同促进人的全面发展。德育共同体是一个拥有自我修复与更新能力的有机生命体，其强大的生命力来源于生态性特征。这种生态性不仅使德育共同体能够在环境变迁中保持其传承性，更能使其不断适应变革，实现形态的不断演化，体现了德育共同体顽强的生命力，并为德育共同体的持续发展提供了不竭的动力源泉。

中医院校德育共同体的生态性特征体现在德育共同体与周围环境的相互影响上。德育环境与通常意义上所说的环境不同，是指影响人的道德形成和发展环境因素。一是物理环境，如中医院校所处的地域环境及学校的物理设施等；二是制度政策、人文、科技等软环境因素。这些环境中生态元素的不同组合，是造成中医院校间德育环境差异的重要原因，必然会影响德育共同体的发展。反之，德育共同体也会对德育环境产生影响，如政策的制定、文化环境的营造等。随着德育工作的开展，德育共同体会根据发展需求发挥能动作用，影响着德育环境向有利于德育发展的方向转变。中医院校应充分发挥德育共同体的生态性特征，整合内部管理力量和外部生态因素，建立联系通路，形成内外部力量的动态平衡，实现德育共同体的可持续发展。

在生态性特征下，德育共同体具有了传承性和发展性。这种传承性和发展性符合德育共同体的发展规律和时代发展特征，二者在德育共同体中实现了统一。一是德育共同体的传承性。这种传承性的基础是德育共同体自有的"遗传

---

① 曹政，任少波. 论德育共同体的内生性、协同性与生态性 [J]. 浙江社会科学，2020(12)：112–116.

基因"，即德育共同体的发展目标、理念、蕴含精神等，这些内容环环相扣，每一部分都是德育生态系统的重要组成部分。这种"遗传基因"保证了德育共同体结构和功能的传承性，稳定了德育形态，促进了德育工作的开展。二是德育共同体的发展性。德育环境的变化必然促进德育共同体的发展，如在政策因素、文化因素等影响下，为了适应环境因素的变化，德育共同体将会面临结构上的改变，其发展方向在环境因素的作用下具有多元性和可选择性。

德育共同体的生态性意味着其要不断调整自身来适应错综复杂的现实环境，跨越传统德育思维，更新德育理念，根据环境的变化，不断推动德育工作的发展，提升育人的实效性。德育如不及时超越自身的局限，从根本上增强其超前引导性，那就可能面临被遗弃的危险。[1] 同时德育工作各方需要为德育共同体的发展创造良好的环境氛围，立足我国国情，在不断变化的环境中以动态发展的视角，推进德育共同体及德育工作的发展。如德育内容由单一化向多元化、德育形式由孤立式向一体化等多维度的转变等。把握德育共同体的生态性特征，需要牢记德育理念与目标，汇聚各方德育力量，探究德育新思路、新方法，推动德育工作的可持续发展。

三、中医院校德育共同体建设的多重价值意蕴

（一）有利于落实立德树人的根本任务

"要实现立德树人目标，需要高校明确培养怎样的人、怎样培养人，其重视的是学生的协同发展，故而应兼顾所有学生在思想政治学习中的全面发展，而非某个优秀学生群体的发展。"[2] 德育共同体建设有利于中医院校形成更加系统的教育模式，能够让中医院校在综合整体实力的基础上，整合德育资源，分析德育具体策略，包括硬件设施及政策等软件环境，发挥各级部门、各主体协作，以此开展德育工作，落实立德树人的根本任务。德育共同体建设能够对学生起到良好的规范和引导作用，让学生在潜移默化中形成正确、完善的道德

---

[1] 刘惊铎. 中华美德教育论[M]. 哈尔滨：黑龙江教育出版社，2002：78.
[2] 张迪，王建超. 德育共同体构建下的高校思想政治工作探析[J]. 大学，2023(36)：112-115.

观念，这不仅有助于他们更好地认识自己，还能帮助他们建立正确的价值观。更重要的是，德育共同体可以让学生自觉地进行自我德育培养，让他们能够主动思考、提升自我，这对于学生身心健康的全面发展具有积极的推动作用。在这个过程中，学生将逐渐成长为有道德、有理想、敢担当的新时代青年。

（二）有利于唤醒主体意识，实现德育共同体成员德育教化

1. 对主体意识的唤醒

个体总是通过共同生活的过程来教育自己，而不是被别人所教育的。[①] 德育共同体的本质属性决定其本身就充分尊重个体的价值和意念，并给个体成员创造最大的空间和平台来实现个人自由全面发展。[②] 主体意识是人这个个体作为一个完全意义上的人存在的前提条件，德育共同体根据其特征能够最大限度地唤醒人的主体意识，让他们在道德规则下升华自我。德育共同体对主体意识的唤醒作用具体如图1-10所示。

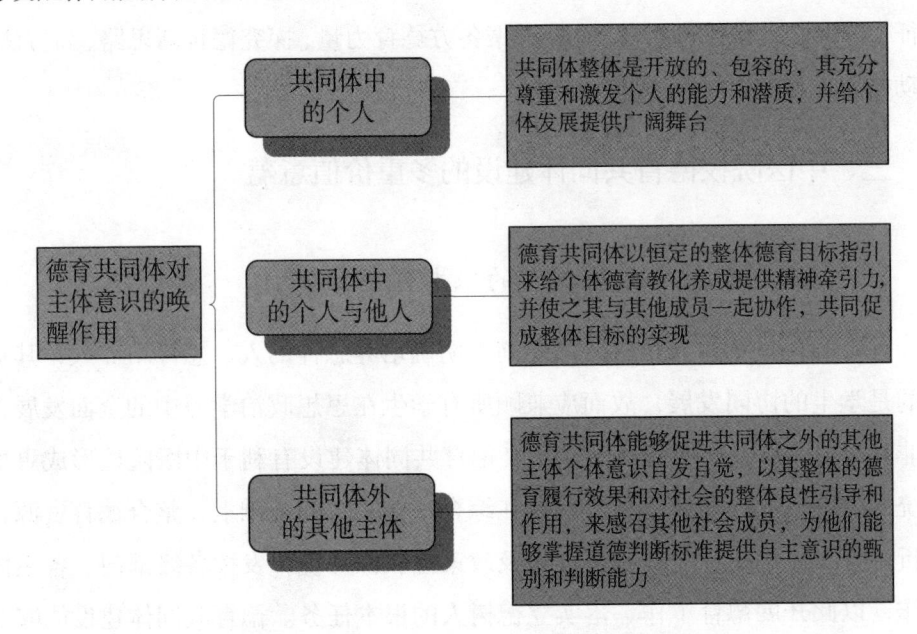

图1-10　德育共同体对主体意识的唤醒作用

[①] 联合国教科文组织国际教育发展委员会. 学会生存[M]. 上海：上海译文出版社，1979：28.
[②] 孔凡建. 论德育共同体的建构及其走向[D]. 徐州：中国矿业大学，2015：28.

2. 对德育共同体成员的德育教化

实现对共同体成员的德育教化是德育共同体建设的题中之义。德育共同体中的个体成员都具有提升道德信仰的本意，这种本意在德育共同体中得到升华和转化，并最终外化为个人在社会实践中的道德履行，完成了德育共同体对成员个体的德育教化。

（1）中医院校德育共同体建设的初心决定了其对共同体成员的德育教化作用。德育共同体作为一个生命有机体，通过整体目标的详细设定，凝聚了所有成员的共同意志。在德育共同体中，所有成员都在努力践行这一目标，在实践中锻炼道德品质，提升个人的道德素质水平，最终推动了个体德育教化的实现。

（2）当德育共同体整体德育实现能力水平达到一定高度后，它不仅是一个内部成员共同成长的摇篮，更成为整个社会道德实践的楷模。这个共同体以其坚定的信仰、高尚的品质和独特的魅力，吸引着社会其他成员的目光。在这种感召力的影响下，社会其他团体或个体纷纷效仿和学习，从中汲取道德的力量，提升自己的德育能力。这不仅能促进德育共同体内部成员的自我提升，更为整个社会注入了正能量，激发了人们对美好生活的向往和追求。越来越多的个体在感受到这种向善的力量后，会选择坚持同样的道德信仰并加入德育共同体，共同为社会的道德建设贡献力量。

（三）有利于社会整体信仰的塑造

随着社会的不断发展，民众的教育知识水平逐步提升，这使得人们更加关注并积极参与社会公共生活。而高尚的品德素养和正确的价值观，是维护社会公共生活良好有序运行的重要基石。德育共同体为成员搭建了一个公共空间，在谋求个体发展的同时形成自身良好的品德素养。在个体接受德育教化的过程中，实际上也在逐步追寻着公共精神与社会公德。这种追寻不仅是个体精神层面的提升，更是对社会责任和公共利益的深刻认识。随着个体参与社会公共生活的深入，他们开始逐渐摆脱单纯追求私欲和个体利益的局限，进而关注社会整体利益与公共利益。在这个过程中，个体逐渐获得了一种对自身认同的归属感、责任感，最终，这些个体将融入德育共同体，成为推动社会公共生活向善的重要力量，共同构建更加和谐、有序的社会环境。

中医院校德育共同体并不是简单的人数叠加的社会团体，其本身的共同道德信仰和价值遵循便具有教化功能。共同体内部成员会经历一个辨别个体与整体信仰的分析过程，逐步形成价值判断标准。德育目标的实现关乎人的全面发展，这是对健全个体的实现，更是对社会的负责，这些都是在德育共同体建设中完成的。一个具有高尚品德素养的德育共同体才能为构建和谐社会贡献力量，因此，中医院校德育共同体建设有利于社会整体信仰的塑造。

第二章　中医院校德育共同体建构的文化优势

第一节　中医文化与中医院校德育共同体建设的关系

一、中医文化与中医院校德育共同体建设的共同历史底蕴

文化是一个国家、一个民族的灵魂，没有高度的文化自信，没有文化的繁荣兴盛，就没有中华民族伟大复兴，坚定文化自信，事关国运兴衰、文化安全和民族精神的传承。[①] 我国文化的核心是中国特色社会主义文化，中医文化是中国特色社会主义文化的重要组成部分，中华优秀传统文化是中国特色社会主义文化的重要来源之一，中医文化作为中华优秀传统文化的组成部分，与社会主义核心价值观之间具有直接关联，而中医院校德育共同体建设的目标之一就是践行社会主义核心价值观。

中医院校德育共同体建设是一项系统工程，国家对高校思想政治工作的要求和中医院校的特点决定了中医院校德育共同体建设工作必须发挥中医文化优势，把德育共同体建设基本要求与中医文化独特德育内涵结合起来，构建中医院校德育共同体建设的特色，因为二者均来源于中华民族五千年优秀文明，具有共同历史底蕴。

（一）中医文化与中医院校德育共同体建设一脉相承

中医文化深深扎根于传统文化土壤，与中国传统哲学文化在历史发展的长

---

① 胡霞，刘峰，吴宇. 大中小学思想政治理论课一体化专题教学设计·文化与哲学篇[M]. 成都：四川大学出版社，2021：196.

河中相互影响、互为补充。纵观历史，各个阶段的中医文化发展都受到当时哲学思想的影响。传统哲学崇尚顺势而为，主张顺应自然规律，讲究"道"。中医文化中"天人合一"观念便来源于此，这一观念也是中华民族传统的世界观和人生观。"天"指的是宇宙天地，也即大自然；中医文化中的人是宇宙间的万物之一，与自然界息息相通，休戚相关，自然界的各种运动变化都会直接或间接地作用于人体。中医院校德育共同体建设中的思想信念源于中国传统文化中的人文素养，与中医文化一脉相承，具体见表 2-1。

表 2-1 中医文化与中医院校德育共同体建设一脉相承的表现

流派	中医文化的历史溯源	中医院校德育共同体建设中的思想信念的历史溯源
儒家	主张"不为良相便为良医"，把德艺并举、大医精诚看作是医家的最高修养；"人命至重，有贵千金，一方济之，德逾于此"[①]	儒家经典《大学》开篇就提出了"大学之道，在明明德，在亲民，在止于至善"的观点，意在指出学校的人物就是彰显德性，亲爱民众，达于至善[②]；"仁"在中国传统文化中被认为是高尚的品德，"仁者爱人"是对"仁"的最好诠释，如孝顺父母，与家人相亲相爱等
道家	老子"以道为本、道法自然"的主张；庄子"天下一气、练形吐纳"学说；管子的精气生人、心为身君之论	庄子也说："不精不诚，不能动人。"（《庄子·渔父》）传统诚信思想要求人们说话"言有信"，一诺千金；做事"敬事而信"，忠于职守
佛家	在中医中的体现就是促进人的自我实现、自我发展和与世界的和谐发展。	在道德信仰上的体现就是协调、完善人与人、人与众生之间的和谐美好关系，蕴含着伦理道德的社会功能、社会意义

（二）中医文化发展与中医院德育共同体建设均依托于学校教育活动

教育的核心在于育人，旨在实现科学精神与人文思想的和谐统一。中医院校致力于培养德才兼备的人才，其目标是内修于心，外塑其形，让学生不仅具

[①] 沈漫，夏文芳. 中医院校德育模式探索 [J]. 思想理论教育，2010(23)：90.
[②] 陈自鹏. 教学相长之路——从经师到名师 [M]. 北京：中国书籍出版社，2022：112.

备深厚的中医专业知识和技能，还需具备高尚的品德。这种"德艺双馨"的培养目标，要求中医院校必须在德育和中医专业教育上双管齐下。通过内外兼修，促进中医文化与中医院德育共同体建设的共同发展。

中医文化是中国优秀传统文化的重要组成部分，历经千年沉淀，形成了独特的道德体系和价值观念，体现了儒家思想的最高道德要求——"仁"。医术作为维护健康、消除病痛的手段，正是对应了儒家的"仁义"思想。中医院校在传授中医知识的同时，更应让学生在"医古文"和"中国医学史"等课程中，体悟历代名医的广博学识和高尚医德，使学生在传统文化的熏陶下，潜移默化地提升他们的道德素质。中医院校的德育建设，正是借助中医文化中的人文气质，将传统人文精神与现代时代精神相结合，建设德育共同体，共同推动学生全面发展。

二、中医文化对中医院校德育共同体建设的启示

中医作为中国传统文化的瑰宝，其深厚的哲学思想和独特的医疗理念，为中医院校的德育共同体建设提供了丰富的资源和独特的视角。中医文化博大精深、内涵丰富。在中医历史的长河中，无数医者以救死扶伤、悬壶济世为己任，展现了医者仁心的高风亮节，树立了道德楷模的典范，成为中医院校最生动、最有效的德育案例。在中医院校德育共同体建设中，将中医文化深度融入学科专业教学，才能具有现实指导与借鉴价值。

中医药院校要坚持传承与创新，深入挖掘中医药文化中的德育精华，并对其进行时代化、大众化、创新性的阐释，赋予其新的文化内涵和时代价值，实现中医药文化创造性转化和创新性发展。这不仅是对中医文化的发展，更是对中医院校德育共同体内涵的拓展。

（一）中医文化的整体观念对中医院校德育共同体建设的启示

中医文化的整体观念，自古以来便是中医学的核心理论基础，它深刻体现了中医对人体自身作为一个有机整体的认知，以及人与自然、社会环境和谐统一的哲学思想。中医文化的整体观念应用于中医院校德育共同体建设的启示主

要概括为以下两点：

1. 德育的人本整体观

中医文化的整体观念启示我们在德育工作中应树立"德育的人本整体观"，注重以促进人的全面发展为根本，培养学生的综合素质。学生的成长是一个综合的、多维度的过程，需要学校从知识、能力、情感、价值观等多个方面进行综合培养。中医院校德育工作不应仅仅局限于某一特定领域或某一具体层面，而应全面关注学生的身心发展。

2. 德育的环境整体观

中医文化的整体观念启示我们在德育工作中应树立"德育的环境整体观"，在进行德育工作时，要充分考虑学生所处的环境，包括家庭、学校、社会等各个方面。学生的成长环境对其品德形成具有重要影响，中医院校要建设德育共同体，必须要协调各部门之间的合作，营造一个良好的德育共同体建设环境。

中医院校德育工作者要不断丰富自身的中医文化知识储备，积极借鉴中医文化的整体观念，适时调整德育思路，发挥榜样作用，用自己的言行去影响周边的人和事，最终影响学生并帮其树立正确的人生观和价值观；同时携手中医院校各部门，强化协作，持续提升德育实效，依托传统中医文化精髓，积极营造中医院校德育共同体建设的有利氛围。

（二）"仁""和""精""诚"的中医传统文化价值对中医院校德育共同体建设的启示

中华优秀传统文化本身蕴含深厚的哲学思想与道德伦理，作为其有益组成部分的中医文化始终秉持"以德为先"的处世理念。"仁""和""精""诚"，这四个字蕴含着中医文化的精髓，也是中医院校德育共同体建设的重要指导原则。

1."仁"字当头，强调了医者仁心的重要性

中医院校在德育共同体建设中，应着重培养学生的仁爱之心，让他们学会关心和尊重每一位患者，以医者仁心去温暖人心、治愈疾病。

2. "和"字体现了中医文化中的和谐之道

中医院校在德育共同体建设中，应倡导和谐的人际关系，让学生明白成员之间的和谐关系对共同体建设的顺利进行至关重要。

3. "精"字代表了中医文化的精湛医术

中医院校在德育工作中，应鼓励学生不断钻研医学知识，提高医术水平，以精湛的医术为患者提供优质的医疗服务。要让学生明白，精湛的医术不仅仅是技术的积累，更是对生命的敬畏和尊重。

4. "诚"字是指中医文化中的诚信精神，诚信也是德育共同体建设的重要原则之一

中医院校在德育共同体建设中，应注重培养学生的诚信品质，让他们明白诚信是医者的基本素质，也是医疗工作的基石。只有做到诚实守信的医者，才能在未来的工作和生活中赢得信任和尊重。

（三）中医"治未病"理念对中医院校德育共同体建设的启示

医圣张仲景指出"上工治未病"，[①]这种未病先防的理念启示我们对德育共同体建设也要提前做好预案。"治未病"强调的是预防重于治疗，即在疾病尚未显现之际，通过调理身体，使之保持平衡，达到预防疾病的目的。对于中医院校的德育共同体建设而言，我们不能仅仅满足于解决已经出现的问题，更要注重预防，提前做好预案，防患于未然。

中医院校的德育共同体建设需要贴近学生生活，深入了解他们的思想动态、行为习惯等。在充分掌握学生动态的前提下，学校才能及时发现问题苗头，防患于未然。即使最后问题真正出现，学校也做好了充分准备，能够有效解决问题，避免问题进一步恶化。

（四）中医文化中的师徒育人形式对中医院校德育共同体建设的启示

以师带徒的师承教育，是我国中医文化中育人的传统模式。数千年来，言

---

① 齐凤军，魏华. 热疗扶阳　温通祛寒湿[M]. 武汉：湖北科学技术出版社，2015：401.

传身教的培养模式造就了无数医术精湛、道德高尚的名医大师。这不仅是一种医学技艺的传授，更是一种道德品质和价值观的传承。言传身教一直以来就是重要的教育方法，身教胜于言传，把传统的中医师承教育与中医院校德育共同体建设有机结合，发挥"师"的示范引领作用，深入遵循道德养成的渐进性与实践性规律，把德育目标和内容融入教师日常的言行举止之中，鼓励学生主动参与并积极互动，通过亲身体验与深刻反思，在思想、伦理和道德等多个方面进行德育探索与开发，逐步引导学生构建起积极向上、健康稳定的世界观、价值观及人生观，这对构建全员、全过程、全方位的德育共同体，发挥协同育人作用有极大的推动作用。

具体而言，中医院校可以借鉴师徒育人的模式，构建一种新型的德育共同体。在这个共同体中，教师不仅是知识的传授者，更是道德的示范者。他们通过日常的行为举止，向学生传递正确的道德观念和价值观念。而学生则在这种示范和引导下，自觉地参与到德育过程中来，通过互动和交流，不断提升自己的道德素养。

第二节 匠人精神的融入

一、"匠人精神"的内涵与特征

（一）"匠人精神"的基本内涵

匠人，是指在某一领域拥有超群专业技能的人；精神，是指人的思维、意志力等状态。"匠人精神"就是一丝不苟、精益求精的职业精神，是一种踏实肯干的工作态度，要求工作者不仅技艺超群、职业素养崇高，还要具备良好的社会道德感和责任感。重细节、追求完美是"匠人精神"的关键要素。技是立业之本，道是立身之基。工匠往往既重技又重道，用匠心磨炼高超的职业技能，涵养高尚的道德品质，真正实现"道技合一"的职业追求。[①] 当今时代，"匠

---

① 付守永. 工匠精神行动笔记[M]. 北京：中华工商联合出版社，2023：179.

人精神"依然是我国经济高质量发展的重要驱动力之一。

1. "匠人精神"本质上是一种劳动精神

人们通过劳动来改造世界、创造历史。通过劳动实践，人们不断积累着实践经验与技能，进而推动历史进步，极大地丰富了社会财富。人们在改造现实世界的同时也在创造自我。通过劳动实现自我价值或人生价值是"匠人精神"的本质内涵。人民群众美好生活需要的满足，中国梦的实现，都需要广大劳动人民的劳动创造。劳动不仅是人的一种物质活动，也是一种精神活动；劳动能给人带来快乐和幸福，这种幸福不只是物质上、感官上的满足，还是更高层次、更大价值的人生取向，是人们幸福生活的重要组成部分。[①]

2. "匠人精神"是一种奉献精神

"匠人精神"深植于人们对技艺的执着追求与对职业的深沉热爱之中，蕴含着无私的奉献精神。这种精神既是技艺层面的精益求精，更是一种对社会、对文化的无私回馈和贡献。人们通过劳动传承着文化，传递着情感，表达着思想。他们在工作上的奉献不仅满足了人们的物质需求，更丰富了人们的精神世界，为社会带来了正面的影响和价值。

3. "匠人精神"是一种创新精神

匠人自古就是指具有一定智慧且具有创造能力的人。"匠人精神"不仅是一种踏实肯干的做事态度，更是一种在遵循规则基础上的创造力。中国古代的匠人便具有一种自悟和自我创新的精神。在现代社会，创新精神更成为"匠人精神"丰富内涵的重要方面。无论在哪个领域，传统技能在坚守与传承的同时，都需要注入新的活力，以适应时代的发展。传承与创新是"匠人技艺"发展的双翼，缺一不可。传承是基石，它让我们铭记着前人的智慧和经验；而创新则是动力，它推动着人们不断向前，不断拓展"匠人精神"的内涵。

4. "匠人精神"的内在是一种品德精神

就道德层面而言，人的行为源自其内在的品格。对于完美的追求、精益求精的态度以及持之以恒的创新探索，都是内在品德的生动展现。古希腊哲学家

[①] 谭志福. 大学劳动教育[M]. 济南：山东人民出版社，2022：77.

苏格拉底认为只有那些像铁匠、铜匠、修鞋匠一样具备手工艺技能的人，才真正拥有德性。他们不仅技艺精湛，更在追求技艺的过程中体现了对善的向往和追求。在道技合一的境界中，他们将自己的技艺与道德追求相结合，展现了高尚的品德。"匠人精神"并非仅仅局限于技艺的精湛，更是一种内在品德的升华。以匠人的态度去追求卓越，不断探索和创新，不仅能够提升个人的技能水平，更能够培养出向善的品德。

（二）"匠人精神"的时代特征

1. 普遍适用性

新时代的"匠人精神"超越了传统的体力劳动者范畴，还涵盖以脑力劳动为主的各行各业的工作者。在当今快速发展的社会背景下，无论是科学研究还是医疗服务，都需要具备"匠人精神"的工作者。这要求他们不仅拥有深厚的专业技能，更具备高尚的道德品质；要求他们如同"工匠"一样，精益求精，不断探索和创新，力求在每一个细节上都做到最好，为各行各业的发展贡献智慧和力量。

2. 内涵的丰富性

新时代"匠人精神"的内涵具有丰富性，其作为一种独特的精神品质，不仅承载了传统技艺行为与道德精神的深厚底蕴，更在当下社会展现了内涵丰富的时代特征，尤其体现在对开拓创新时代精神的延展。"匠人精神"始终强调对技艺的追求、改进和对道德的坚守，这种精神在匠人们的手中得以传承和发扬。随着时代的变迁，这种精神也在不断发展和演进，融入了开拓创新的时代精神。

在当今社会，"匠人精神"不再局限于传统工艺领域，而是广泛应用于各行各业。它更倡导人们在追求技艺精湛的同时，保持开放的心态，勇于探索未知领域，积极拥抱新技术、新思想，将创新理念融入工作中，不断推动行业的进步和社会的发展。

3. 价值指向的交融性

"匠人精神"的价值指向本身便具有"求技"与"修德"的交融性，随着时代的发展，这种交融性也在不断加强，形成了独特的价值体系，深刻体现了"求技"的个体价值与"修德"的社会性价值的和谐统一。

在"匠人精神"的指引下，人们追求技艺的卓越和精湛，将技艺视为服务社会、造福人类的手段，通过不断学习和实践，将某一领域的技艺提升到新的高度，推动社会进步。这种"求技"的过程，不仅体现了人们的价值追求，也展现了他们对社会的贡献和责任感。"匠人精神"还强调"修德"的价值取向，注重自身品德的修养，使人们更加体会到只有具备高尚的品德和道德情操，才能更好地服务于社会，实现自身的价值。这种"修德"追求不仅能实现自我价值，还能影响和感染他人，传递正能量。

二、"匠人精神"在中医院校德育共同体建设中的价值体现

（一）有助于中医院校德育共同体成员践行社会主义核心价值观

"匠人精神"体现了平凡劳动者的非凡价值，它告诉人们，劳动最光荣，劳动人民最伟大。随着中国式现代化的快速发展，滋生了一些不良社会现象和风气，"流量明星""网红大咖"等成为不少大学生的追逐对象，这种现象在一定程度上影响了青年一代的价值观，甚至一部分大学生开始轻视普通劳动者，对劳动本身产生了抵触情绪，甚至产生了厌恶劳动、追求享乐、急功近利等消极思想。这种风气在中医院校的学生中也有所体现，这无疑影响了中医院校德育共同体建设。

"匠人精神"的传承为中医院校德育共同体建设注入了新的活力。它强调对劳动的尊重，对专业技能的追求，对职业的热爱；有助于纠正社会一些不良风气，帮助大学生树立正确的人生观、世界观、价值观，自觉践行社会主义核心价值观。中医院校作为培养中医药人才的重要基地，有责任也有义务将"匠人精神"融入到德育工作中，引导学生树立正确的劳动观念，培养他们对中医药事业的热爱和执着追求。中医院校通过将"匠人精神"融入德育共同体建设，可以向学生传达"匠人精神"的内涵和价值，这有助于中医院校德育共同体成员积极践行社会主义核心价值观。

（二）有助于培育中医院校德育共同体成员的职业道德

在中医院校德育共同体建设中，强调"匠人精神"的传承不仅有助于塑造学生的专业技能，更在职业道德的培育上发挥着至关重要的作用。"大医精诚"和"医者仁心"作为中医文化的精髓，体现了医者崇高的职业道德和对医学工作的敬畏。而"匠人精神"所蕴含的精益求精、德技双馨的理念，与这种职业道德高度契合。通过在德育共同体建设中融入"匠人精神"，中医院校能够培养出具备高超医术和深厚医德的新一代医者。

在"匠人精神"中，"精"是工匠的立身之本，也是医者救死扶伤的保障。医者必须对自己的专业技能有极高的要求，不断追求卓越，精益求精，以确保在医疗实践中能够准确无误地救治患者。这种对"精"的追求，正是中医院校在德育教育中需要着重强调的；"诚"是热爱本职、敬业奉献的精神体现，也是医者的道德根本。这种对"诚"的坚守，不仅是对患者的尊重，更是对医学事业的忠诚。

将"匠人精神"融入中医院校德育共同体建设，不仅有助于学生掌握工匠立身立业的精湛技术，更能够培养学生敬业乐业、敬畏生命的职业精神。这种职业精神将使学生在未来的医疗实践中始终坚守医德，以患者为中心，全心全意地为他们服务。通过"匠人精神"的传承，中医院校还能够帮助学生树立高度的社会责任感和使命感，让他们将来成为一名乐业敬业的医者，不仅有高超的医术，更具备良好的医德和社会责任感，在中华民族伟大复兴之路上为人民的健康福祉贡献自己的力量。

（三）有助于提升中医院校德育共同体成员的创新意识

中医院校在德育共同体建设中应当积极引导学生学习"匠人精神"，培养他们的创新意识和实践能力，为中医事业的传承与发展贡献自己的力量。传承"匠人精神"意味着中医院校德育共同体成员在坚守中医文化精髓的同时，需要具备一种开放和包容的态度。这种态度鼓励成员们不仅要学习和继承传统的中医领域的知识和技能，还要勇于探索和创新，将现代科技与中医文化相结合，为中医事业的发展注入新的活力。

传承"匠人精神"并不是守旧,而是在坚守传统的基础上勇于创新。中医院校的学生在传承伟大中医药文化的同时,应当敢于挑战传统,勇于革新。在"匠人精神"的指引下,中医院校的学生们要敢于突破传统思维的束缚,勇于革新。学校可以引导他们将现代互联网技术、人工智能等新技术应用于中医诊疗、中医保健等领域,推动中医与现代科技的深度融合。这种跨学科的融合不仅能够提高中医诊疗的准确性和效率,还能够让中医药更好地服务于现代社会,满足人们日益增长的健康需求。

中医院校德育共同体成员的创新意识也体现在对中医文化的推广和传播上。他们可以利用现代媒体和网络平台,将中医药文化以更加生动、直观的方式呈现给公众,提高公众对中医的认知度和认可度。这种推广和传播不仅能够让更多的人了解中医的魅力和价值,还能够为中医走向世界打下坚实的基础。

三、"匠人精神"融入中医院校德育共同体建设的路径

(一)"匠人精神"与中医院校德育共同体建设的契合性

1. 内涵上的相融性

"匠人精神"与中医院校德育共同体建设在本质与目标上具有相融性,两者均注重提升受教育者的道德水准、不断弘扬社会主义核心价值观,其职业道德和价值取向一致。在中医文化中,医德医风被视为医生的核心素养,与"匠人精神"中追求技艺精湛、品质卓越的理念相契合。两者均倡导在专业技能与职业行为中贯穿道德准则,以实现个人与社会的和谐共生。

从职业道德和价值取向的角度来看,"匠人精神"与中医院校德育共同体建设具有一致性。中医院校立德树人任务的目标是培养德才兼备的技术技能人才、能工巧匠、大国工匠。这一目标的实现需要依托"匠人精神"的培育,使学生具备严谨的职业态度、精湛的专业技能和良好的医德医风。同时,"匠人精神"作为大国工匠的气质特征,也为中医院校德育共同体建设提供了重要的精神支撑。

2. 价值信仰上的一致性

工匠精神与中医院校德育共同体建设在价值信仰上具有一致性。职业道德既是中医院校德育工作的价值追求，也是工匠精神的基本道德准则。这种一致性主要体现在三个方面，具体如图 2-1 所示。

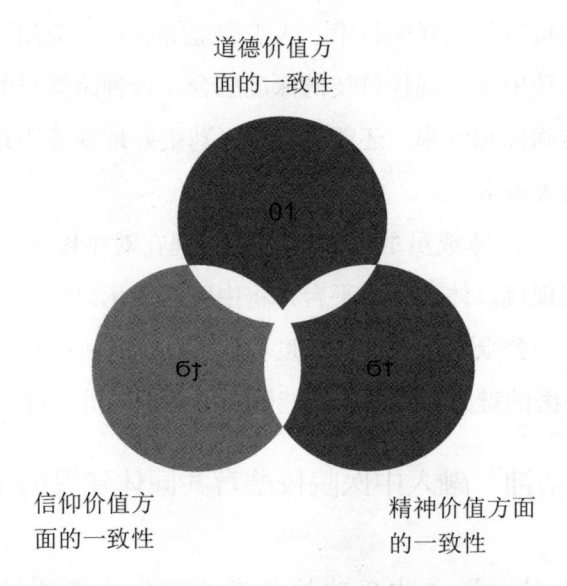

图 2-1　工匠精神与中医院校德育共同体建设在价值信仰上的一致性体现

（1）"匠人精神"与中医院校德育共同体建设均强调职业道德的重要性。中医院校德育致力于培养医学生的医德医风，而"匠人精神"则要求工匠在技艺追求中坚守道德底线。两者在道德价值上的契合，为中医院校德育共同体建设提供了坚实的道德支撑。

（2）"匠人精神"所蕴含的精益求精、追求卓越的职业态度，与中医院校德育共同体建设所倡导的诚信、守德精神高度一致。这种精神价值的契合，不仅有助于提升医学生的职业素养，更能激发他们在医学道路上不断追求卓越的动力。

（3）"匠人精神"与中医院校德育共同体建设均承载着实现社会主义现代化建设和中华民族伟大复兴的共同理想。中医院校通过德育共同体建设培养医学生的爱国情怀和民族意识，引导他们将个人理想融入国家发展大局；而"匠人精神"则要求学生在追求高超中医技能过程中切实践行社会主义核心价值观。

这种价值信仰的契合，使得"匠人精神"成为中医院校德育共同体建设的重要精神资源。

3. 实现路径上的相通性

在当前的教育背景下，中医院校德育共同体建设的实施路径已不再是某单一路径所能承载的，以前学校的德育工作主要依靠思政课程，但现在却呈现出多元化、系统化的趋势。在这一过程中，"匠人精神"的培育与中医院校德育共同体建设在路径上展现出显著的相通性。

（1）中医院校德育共同体建设强调将德育内容渗透到学生的学习和生活之中，使学生在学习专业知识的同时，也能接受到道德教育的熏陶。这种课程德育渗透的路径与"匠人精神"的培育不谋而合。在中医专业课程中，不仅传授医学知识，更要强调医德医风的重要性，培养学生具备精益求精、追求卓越的职业态度。

（2）中医院校德育共同体建设还注重通过实践活动来内化学生的德育认知。学生通过参与实践活动，能够亲身体验医德医风的重要性，从而深化对"匠人精神"的理解。这种实践活动内化的路径与"匠人精神"的培育路径相契合，有助于学生在实践中不断提升自己的职业素养。

（3）中医院校德育共同体建设还关注学生素质的全面养成。通过举办各类文化活动、志愿服务等，培养学生的综合素质，使其在未来的职业生涯中能够具备更高的竞争力。这种学生素质养成的路径也与"匠人精神"的培育路径相通，因为"匠人精神"不仅要求工匠具备精湛的技能，还要求其具备高尚的道德品质和社会责任感。

（二）"匠人精神"融入中医院校德育共同体建设的路径

1. 结合课程思政，将"匠人精神"融入课堂教学，助力德育共同体建设

加强大学生思想政治教育，不能就"思政"谈"思政"建设，而应梳理各门课程所蕴含的思想政治教育元素和所承载的思想政治教育功能，融入课堂教学各环节，把职业素养同课程教学内容紧密结合起来，培育科学精神和"匠人精神"，充分发挥课堂教学在育人中的主渠道作用，着力将教书育人落实于课

堂教学的主渠道之中，落实所有教师的育人职责。[①]

课程思政的施行并不意味着将所有课程变成思政课，而是要在专业课程的讲授中，巧妙融入思政元素，发挥每门课程应有的德育功能，使所有课程都承担起育人职责，共同助力德育共同体建设。如在中医专业课程里凝练德育元素，结合"匠人精神"，讲好中医故事；教师可以从《黄帝内经》《神农本草经》《难经》等经典医书中提炼出匠人精神的精髓，让学生们了解到，作为一名中医，不仅要有深厚的医学知识，更要有对医术的敬畏之心，对病人的关爱之情，这就是匠人精神的体现。通过讲述古今中医名家的传奇故事，我们可以让学生们更加深刻地理解匠人精神的内涵，激励他们坚定职业理想，牢记初心使命，为实现自己的中医梦而不懈努力。课程思政融入"匠人精神"助力德育共同体建设，可引领中医院校学生坚定职业理想，牢记初心使命，培养他们的道德品质，为德育共同体的建设贡献自己的力量。

2. 结合学习和生活实践，将"匠人精神"融入社会化德育，实现"德技并进"

在将"匠人精神"融入社会化德育方面：中医院校德育共同体建设在加强理论建设的同时，更要加强成员在学习和生活实践中的体验。德育共同体建设是一项系统工程，"匠人精神"的融入不能只依靠学校单方力量，需要不断加强与医疗机构等用人单位的交流与合作，为学生提供更多社会化实践平台。学校应鼓励并引导学生走进医疗一线，与医生、患者面对面交流，实地体验医者仁心的大爱精神与救死扶伤的崇高使命。学生们通过观察医生们的辛勤工作，深刻领悟到医者不仅要有高超的医术，更要有对生命的敬畏和对患者的深切关怀。同时，学校还可以组织学生定期到企业实训，特别是到与中医行业相关的企业。在这里，学生们能够了解产品的生产全过程，从原材料的采集到成品的制作，每一个环节都凝聚着工匠们的辛勤与智慧。通过与企业优秀员工的互动，让学生们体会专注细致、精益求精的"匠人精神"，这有助于培养学生的职业道德和社会责任感，有利于德育共同体建设。

在实现"德技并进"方面：中医院校德育共同体建设应聚焦"匠人精神"，

---

① 刘伟杰，王可月. "工匠精神"培育融入大学生思想政治教育的价值与路径研究 [J]. 思想政治教育研究，2019，35(2)：94–97.

凝聚价值共识，认同育人目标，形成"德技一体"的协同育人模式。德育与技能教育相辅相成，德育融入技能培养，技能教育则蕴含德育精髓。以"德"为底蕴，培养学生全面发展；以"技"为标志，彰显道德养成。德技互融互通，实现知识传授、技能提升与价值引领的和谐统一，培养出既有精湛医术又具备高尚医德的中医学子。

中医院校德育共同体建设要将"匠人精神"育人目标与专业人才培养目标有效对接，深挖专业课程的德育元素，从制造精神、道德精神、职业信仰、人文素养等层面进行价值引领，确定教学目标，找准德育切入点，将德育元素融入专业课程，最终实现德育目标与工匠精神的深度融合，构建全面的专业培养目标体系，培养出既具专业技能又怀工匠精神的优秀中医人才。

3. 结合网络新技术，将"匠人精神"融入网络德育，创新德育共同体建设方式

伴随新媒体技术的日趋发展和完善，中医院校德育一定要顺应形势发展，整合网络资源，创新德育方式，借助各种网络媒体平台，宣传"匠人精神"相关知识，弘扬中医文化，助力大学生德育工作开展，以增强学生学习的便捷性、趣味性，帮助学生站在时代的背景下全面理解德育，更好地强化道德意识，探索"匠人精神"。中医院校必须加强网络宣传阵地建设，通过学生容易接受的语言及微视频等讲好工匠故事，讲好中国文化，不断提高德育教育的趣味性和实效性，努力构建超越空间和地域的网络思政教育体系，促进学生的全面发展。教学方式也需灵活多样，实现"线上线下"无缝衔接。线上，要善用新媒体技术，拓展学习的广度与深度；线下，则注重课堂体验与互动。如组织职业精神辩论会，激发学生思辨能力，拓宽视野。让学生从德育教学课程中发现学习乐趣，能够积极主动地探索工匠精神，对其形成直观的认知。中医院校应顺应时代发展，主动进行"网络转型"，掌握时代脉搏和网络舆情，掌握网络话语权。例如，将医学人文素养、网红医学名家等渗透到中医专业教学中去，让学生领悟中医的"诚"与"精"。

4. 结合校园文化建设，融入"匠人精神"，营造德育共同体建设氛围

校园文化是一所学校经过历史的积淀而形成的一种价值体系，是一种精神传承。良好的校园文化氛围能够让学生在潜移默化中提升自己的综合素养，为德育共同体建设营造良好氛围。将"匠人精神"融入校园文化中，培养学生的"工匠精神"，把学生培养成德智体美劳全面发展的人才。学生们通过学习工匠们踏实肯干、诚实守信等精神，不断丰富内心世界，健全人格，为学校德育共同体建设贡献自己的力量。

中医院校应当具备全局性的视野，不满足于传统的课堂教学，通过组织多样化的活动，使学生能够更深入地领悟和体验"匠人精神"的精髓。具体做法见表2-2。

表2-2 中医院校将"匠人精神"融入校园文化的具体做法

校园场景	具体做法
学校层面	开展"匠人精神"进校园活动，如大国工匠进校园、企业文化进校园、劳动模范进校园等
	充分利用黑板报、橱窗、走廊、校史陈列室等平台传播校园文化，发挥校园文化的熏陶、引领和激励作用，如走廊里粘贴有关工匠精神的标语，让学生在走廊活动的时候也能够感受到浓厚的文化气息
	利用校园广播这一传统而温馨的媒介，定期分享大国工匠的感人事迹和卓越成就。每当课间休息或午后闲暇，学生们在轻松愉悦的氛围中，通过广播的声音接受文化的熏陶
	举办专业技能展示比赛，为学生提供一个展示自我、挑战自我的平台，能够激发学生提升专业素养的热情
班级层面	定期召开德育主题班会，充分发挥第二课堂作用，为学生创造探讨"匠人精神"的宽松环境

将"匠人精神"融入学生的日常学习和生活中，营造良好的文化环境，是提升德育共同体建设实效性的有效途径。在构建校园文化的过程中，中医院校应避免盲目模仿其他学校模式，以免丧失自身德育特色。学校应坚持组织多样化的文化活动，让这样的文化氛围能够深刻影响学生的思想道德和职业态度，为他们的成长奠定坚实的基础。

第三节　中医文化在德育共同体建设中的应用探索

一、汲取中医文化本源力量，凝练德育共用体建设核心元素

中医文化是中国优秀传统文化的重要组成部分，不仅体现了中华民族的道德观念与信仰，更是传承和弘扬中华优秀传统文化的重要载体。把中医文化中蕴含的德育因素与社会主义核心价值观相结合，是中医院校德育共同体建设的优势和特色。中医院校要积极挖掘中医文化中的人文精髓，不断拓宽中医院校德育共同体的内涵，同时深入发掘并继承中医文化的优秀传统思想，并将这些思想有机融入德育共同体建设中，打造推动德育共同体建设的重要力量。

在某些地区和高校中，德育工作往往因缺乏对文化本源的深刻理解和追溯，导致目前部分中医院校在进行德育共同体建设时，讲求"速成"。当上级布置任务时，一些学校仅通过几次思政专题会议或专题讲座来试图快速提升学生的德育水平，这种"快餐式"的教育模式显然无法真正培养学生的道德素养，更无法促进德育共同体建设。当前高校教育注重的还是传授基础知识和理念，对文化本源的追溯和挖掘远远不够。中医文化与中国传统文化的天然联系使得中医学各科知识中蕴涵着丰富的德育资源，中医文化蕴含着中国文化的精髓，是中华民族的瑰宝，也是全人类的共同财富。中医院校应当以中医文化的本源力量来推动德育共同体建设，深入挖掘中医文化的精髓，使之与德育相互融合、相互促进。

（一）强化以"仁"为核心的文化本质

成语"仁心仁术"出自《孟子·离娄上》，意思是心地仁慈，医术高明。[①]中古之后，医术常被称为"仁术"，即施行仁爱的方法、手段，《言医选评》解释了医术为"仁本"的原因："医何以仁术称，仁即天之理、生之原，通物

[①] 培松. 读成语学中医①·不为良相，便为良医[M]. 南窗, 绘. 北京：中国中医药出版社，2022：53.

我于无间也。"① 对于中医而言，精湛的医术只是必备的技术基础，重要的是那颗始终坚守的善良与真挚之心，这份"仁"便是中医文化的本质，也是中医院校德育共同体建设的核心目标。

中医院校应以中医文化"仁"的思想为引领，培养中医院校学生的职业素养。医者以"仁义"为行事准则，追求高超的医术与高尚的医德。"医乃仁术"所体现的是以德为崇的医学伦理规范和以德为医的高尚道德境界，这对于提高中医院校学生职业素养，培养医德与医术并重的高素质中医人才具有重要的指导意义。学习中医，应以"仁"为心，方能技艺精湛；实践中医，应怀"仁"之意，方能济世救人。这样的价值取向，理应成为中医院校德育共同体建设的核心内容。

（二）坚持走"实践"建设路径

实践是指人类能动地改造自然和社会的全部活动，是主体借助一定的手段，有意识、有目的地改造客体的物质活动。② 中医文化作为中华民族的瑰宝，其深厚的底蕴和独特的魅力，正是源于几千年来无数中医先贤的实践探索。中医文化的价值，不仅在于其丰富的理论体系，更在于其在实践中展现出的卓越疗效和对人类健康的贡献。"实践观"不仅是中医文化的传承特色，也是德育共同体建设的基本路径。

在德育共同体建设中，坚持走"实践"建设路径，是实现"知行合一"的必由之路。德育不仅仅是理论知识的传授，更是道德品质、行为习惯的养成。这种养成不能仅仅停留在口头的说教上，更需要在实践中得到体验和锻炼。只有在实践中，学生才能真正理解道德规范的内涵，才能真正体会到道德行为的力量，也只有在实践中，学生才能将所学知识转化为实际行动，实现"知行合一"。实践也是检验德育效用的客观标准，只有在实践中，我们才能真正看到德育的效果，才能不断反思和改进我们的德育工作。

---

① 袁刚，周苏娅，李和伟. 中医药文化的当代价值研究 [M]. 北京：中国中医药出版社，2022：125.
② 郝中华，邹永亮，刘桂林，等. 大学生成才 [M]. 北京：中国税务出版社，1998：190.

二、中医文化融于校园环境设计，为德育共同体建设营造环境育人效应

苏联教育家苏霍姆林斯基曾经说过："我们的教育应当使每一堵墙都说话。"学校的一切设置都是精心设计的，目的是育人。[①] 整体观是中医的核心思维，中医将人体的五脏六腑及自然环境都视为一个紧密联系的整体，这种思维方式在校园物理环境的设计中同样具有深远的指导意义。

中医文化融于校园物理环境就需要在进行物理环境设计时注意整体效应。中医药院校在校园硬环境建设方面要凸显中医文化特色，注重德育功能。一是可以通过塑立古代名医"铜像"，这些铜像不仅是中医历史文化的具象化表达，更是对一代代中医先贤的敬仰和缅怀。每当学生们走过铜像时，都能感受到中医文化的厚重及其中包含的深厚道德情感，使其接受"润物无声"的德育教育。二是在校园的建筑名、路名、广场名等命名上，可以融入中国古代名医的语录和经方典言。例如，"思贤广场""黄岐路""大医楼""济世园""厚朴亭"等名称，不仅富有文化内涵，还能让学生们在日常生活中感受到中医文化的魅力。这样的命名方式不仅能让中医文化在校园内得到广泛传播，还能加深学生们对中医文化的理解和认同。三是校园绿化也是中医文化融入校园物理环境的重要方面。以药用植物作为校园的主要绿化植物，不仅能让校园更加生态、美观，还能让学生们在欣赏植物的同时，了解植物的药用价值和中医知识。同时，在植物旁边标注其名称、药效等主要信息，更能让学生们对中医文化有更加深入的了解和认识。

[①] 张岩松. 文化育人的研究与探索[M]. 沈阳：东北财经大学出版社，2020：54.

第三章　中医院校德育共同体的结构与框架体系

第一节　中医院校德育共同体的基本构成

一、中医院校德育共同体建构要素

（一）共同体成员要素

在中医院校德育共同体建设中，共同体成员如同构建一座高楼大厦的坚实基石，不仅支撑着整个建筑的稳定，更是其得以矗立不倒的根基，缺少了共同体成员要素，德育共同体建设便犹如空中楼阁。中医院校德育共同体建设首先要关注共同体成员要素，德育共同体建设的核心在于人，他们不仅是德育共同体建设所要面对的受众主体，更是其建设过程中的主要参与者。

德育共同体的整体道德信仰是共同体成员共同追求的目标和信仰。这种信仰不仅指引着他们的行为方向，更是他们加入德育共同体的初心和动力所在。共同体成员参与德育共同体建设不仅是在为集体做出贡献，更是在实现自己的信仰和追求。这种源自内心的动力，是驱动他们积极参与德育共同体建设的本源力量。道德信仰是一个人的精神支柱，也是其行为的指南。只有具备了坚定的道德信仰，共同体成员才能在集体中表现出强烈的实践冲动，将所学所悟付诸实践，从而推动德育共同体建设的不断发展。

（二）沟通要素

沟通要素在德育共同体内起连接和维系作用，它不仅像一座坚实的桥梁，连接着共同体的整体与其成员以及各个子部分,更像是一条纽带,维系着整个共同体的和谐与稳定。沟通要素的连接性让信息和沟通在德育共同体内有序传递,提升了整个有机体的运行效率以及运行效果。当德育共同体的整体道德信仰达成一致时,需要把这种整体道德信仰传递给共同体成员,让成员间达成有效沟通和通力合作。对于德育共同体新成员而言,想要快速融入集体,体悟整体道德信仰和价值追求,这时沟通要素的作用便显现出来。个体可以与共同体和其他成员进行有效沟通,在沟通过程中反馈自身对道德信仰、价值观等的认知,并找到归属感和认同感,成为德育共同体的有机组成部分,促进德育共同体整体目标的实现。集体活动的过程中,成员个体需分享个人对于伦理、德善的认知和践行,即相互沟通交流,让他们真挚体验到合作、信任、利他的精神,感受到整个群体对自我目标实现和价值设定的支撑力量。[1]

(三)氛围要素

中医院校德育共同体建设的氛围要素是指德育共同体所处的环境氛围,这种氛围要素并非直观可见,却无处不在,深深影响着每一个身处其中的人。它具有整体性、隐性存在等特征:它的整体性,如同一张巨大的网络,将每一个德育共同体成员紧密连接在一起;它又是隐性存在,犹如春风化雨,无声无息地影响着共同体成员的思想和行为。氛围要素对于德育共同体的整体建设具有润滑剂的作用,德育共同体犹如一部精密运转的仪器,良好的氛围要素能够让各部分之间衔接通畅、合作紧密,促进整体建设的和谐、有序。

氛围要素能够帮助个体成员克服与德育共同体整体要求之间的出入。因为共同体成员的个体经历与初始价值观不尽相同,在其融入德育共同体过程中可能与之整体要求有出入。当个体成员进入德育共同体的大环境中时,氛围要素就起到了至关重要的作用,他们会被这种氛围所感染,逐渐调整自己的行为和思想,使之与共同体的整体要求相契合。在这个过程中,氛围要素不仅促进了个体成员与德育共同体之间的融合,还推动了不同个体之间的交流与互动。

---

[1] 李万全. 社群的概念——滕尼斯与贝尔之比较 [J]. 社会科学论坛, 2006 (6): 4.

二、中医院校德育共同体建构条件

（一）前提条件

成员真实参与是中医院校德育共同体建构的支点和前提条件，是指个体在德育共同体中起着推动作用。

从发生学角度审视，德育共同体的形成并非因为外部力量，而是共同体成员本身对人生信仰和价值需求的本能反应。成员的真实参与让中医院校德育共同体具备了建设基础；成员真实参与表明个体自然地进入到德育共同体的场景中，参与到德育共同体中。正是成员的真实参与，才使德育共同体的存在成为可能，赋予了德育共同体存在的现实可能性和持续性。

在德育共同体中，如果把其看做一个公共领域，那么个体的真实参与才能在公共领域证明己身和他者的存在及意义。"一个人如果仅仅过着个人生活（像奴隶一样，不让进入公共领域，或者像野蛮人那样不愿建立这样一个领域），那么他就不是一个完整的人"。[①]

成员真实参与具有两方面含义，具体如图 3-1 所示。

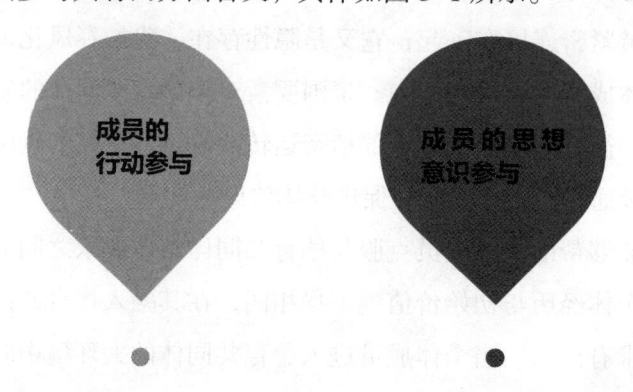

图 3-1 成员真实参与的两方面含义

行动参与是指成员以实际行动参与德育共同体的构建，它要求每位成员在身体力行的过程中促进自我品格与能力的提升，更致力于惠及他人，促进共同

[①] 汪辉勇. 公共价值论 [M]. 合肥：合肥工业大学出版社，2014：89.

体的发展；思想意识参与是指成员以思想道德为媒介实现参与德育共同体的构建，通过思想上的碰撞和理念上的共鸣，进一步强化了共同体的凝聚力与向心力。这种自发、自觉行动和思想意识，为德育共同体的构建奠定了重要基础。

（二）空间的条件

中医院校德育共同体建设以真实学习和生活场景为空间条件。学校作为宏观社会的具象实体形式，学校因学生而存在，学生的主体性是通过学习和生活中的交往而得以发生、发展。"交往者属于生活世界，而且生活世界是交往参与者理解过程的背景"[①]。校园交往本就是学生校园生活的一部分。

德育共同体的建构并不是虚无缥缈的，它需要具体的时间和空间场景。学生在校园中的交往让德育共同体建设有了时间和空间基础。大学生在具体时间和空间场景中，通过交往产生了思想道德及价值观的交锋与融合，德育共同体才得以构建。校园交往成为德育共同体建设的实践桥梁，它摒弃了传统的单向构建模式，转而构建了一个主体间及主客体间紧密相连又各自独立的多元结构，不仅促进了学生间的相互学习与成长，还加深了师生间的理解与共鸣，使得德育不再是单向灌输，而是双向互动的过程。其构建动力源自德育共同体的本质需求与校园交往实践的独特属性双重作用。具体见表3-1。

表3-1 影响校园交往集聚德育共同体建构力的两个方面

影响校园交往集聚德育共同体建构力的两个方面	具体阐述
受德育共同体的本性决定	德育共同体致力于建立主体间的道德联合，基于共同的学习、生活方式和空间环境，构建了一个交织着价值观念和社会规范的立体网络。其核心在于建立道德合作关系，强调个体间的互助与协作。没有他人的参与和支持，个体的生命价值难以得到真正提升。这种道德合作源于现实生活中的学习与实践，通过共享、交流、互助，实现个体与社会的共同进步

---

① [德]哈贝马斯.交往行动理论：第1卷[M].洪佩郁，蔺青，译.重庆：重庆出版社，1994：371.

续表

影响校园交往集聚德育共同体建构力的两个方面	具体阐述
受校园交往实践的特性决定	校园交往的实践本质和直接互动性等特点为德育共同体建设提供了必要场景。道德就存在于共同体成员的日常学习与生活之中,因此,德育共同体的建构必须深深扎根于共同体成员的校园交往中。个体在追求学业进步与生活和谐的过程中,自然而然地产生了交往需求,这种交往行为促使道德作为共同的交往规范得以形成;而道德行为反过来又影响个体的学习与生活,进而影响德育共同体的建构

德育共同体的构建以成员间的沟通交往为推动力。这种沟通交往,不仅促进了主体间的相互理解,更使得每个主体能够反思和反观自身与他者的道德动机,从而不断提升个人的道德认知。在校园交往中,他人如同一面明镜,映照出每个个体的独特风貌,为共同体成员间提供了思想意识上的参照,促使个体不断审视自我、理解他人,在相互理解和尊重中构建起更加稳固的道德共识。脱离了具体时空背景的交往,往往难以扎根于现实,其构建的思想意识领域也显得苍白无力、易于动摇。从这个角度来看,校园交往直接影响着德育共同体构建"力"的大小和深度。

(三)目标条件

中医院校德育共同体建设以"共同善"为目标条件。在德育共同体中,人们渴望找到归属和认同,这种共同存在感是德育共同体建设的始终追寻。这种归属和认同并不意味着忽视个体主体性,也并非仅指生存上的共同体,更是精神层面的和谐统一。"为了形成一个共同体或社会,他们必须共同具备的是目的、信仰、期望、知识——共同的了解——和社会学家所谓志趣相投。"[①]

中医院校德育共同体以"共同善"为导向,它强调的是一种更高层次、更广泛认可的"善"的共识。一方面,共同的道德信仰与个性化之间看似矛盾,但两者并非相互排斥,而是相辅相成。中医院校德育共同体注重人的全面发展,

---

① 杜威.民主主义与教育[M].王承绪,译.北京:人民教育出版社,1990:5.

旨在培养成员间的相互理解与情感融合，进而构建人格上的合作互助关系。这种关系不仅是人类社会悠久历史中的普遍现象，更是"共同善"这一崇高理念的生动体现。人们因共同的追求与需求而相互联结，形成错综复杂的社交网络。为了更全面地满足这些需求，"共同善"成为了强化社会纽带、推动社会稳步前行的关键力量。中医院校德育共同体的构建，正是以共同善为目标引领，致力于在尊重个性的基础上，为每个人的生存、发展及精神追求提供全方位的支持与关怀。"共同善"是在长期的社会实践中逐渐孕育、成形的。它深深植根于对生活的深刻反思之中，依托成员间日益深厚的情感纽带与强烈的认同感而不断巩固。这种"共同善"不仅照亮了认知的前路，更激发了成员们内心的坚定信念与行动力量，引导他们将这一美好愿景转化为实实在在的行动与贡献。

三、中医院校德育共同体建设目标

（一）促进德育共同体整体发展，建设立体化德育网络

中医院校德育共同体的整体发展指的是影响成员成长的各要素协调融合发展。为推动德育共同体整体发展，需构建多维度的德育价值网络。此网络应覆盖德育的各个环节，通过细化德育内容，使每个节点都焕发活力。

1. 促进中医院校学生各方面要素协调发展，建设横向德育网络

中医院校德育共同体建设要帮助成员在"智力与情感道德""个体与社会""中医传承与创造"等方面实现整合发展的目标，具体见表3-2。

表3-2　整合发展目标

整合发展目标	1	培育学生情感智力，丰富其思想情感内涵，激发学生的情感智慧
	2	全方位满足学生的需求，既为他们提供优质的学习资源和环境，关注他们的日常生活需求，更要深切关注学生的精神发展
	3	尊重并激发每个学生的独特潜能，鼓励他们追求个人梦想与成长，充分展现个体价值；同时培养他们具备社会责任感和公共精神，彰显社会价值，实现个体价值和社会价值的协调发展

续表

整合发展目标	4	提高学生科学素养，使其具备严谨的逻辑思维与探索精神；注重提升其人文素养，丰富其情感世界
	5	在注重已有知识传承的基础上，积极鼓励学生勇于探索未知，不断开拓创新
	6	从多方面均衡促进学生的成长，避免片面追求单一目标，将学生培养成充满活力与创造力的鲜活存在

2. 开展德育共同体阶段性建设，建设纵向德育网络

中医院校德育共同体的建设是一个持续且分阶段的过程，并非一蹴而就，其核心在于构建一个纵向的、层层递进的德育网络。这个过程并非孤立或割裂的，而是各阶段的目标相互衔接、彼此渗透，不断推动德育共同体的深入发展。在建设德育共同体时，学校应始终以学生现有的德育基础为出发点，确保德育内容与学生发展阶段相匹配。我们注重引导学生稳扎稳打，既不过于急躁，避免拔苗助长，也不放任自流，导致进步缓慢，而是稳步推进德育共同体的阶段性发展。为了实现这一目标，学校应积极构建纵向德育网络。这一网络不仅包括从低年级到高年级的连贯德育体系，还涵盖了从课堂到课外、从校内到校外的多层次德育环境。通过这一网络，学校能够更加系统、全面地开展德育工作，确保德育共同体建设的连续性和有效性。

3. 建设全方位立体化德育网络

北宋大儒张载有言："为天地立心，为生民立命，为往圣继绝学，为万世开太平。"① 这是历史上著名的横渠四局，中医院校可以用这四句体现出的信仰与价值（简称横渠精神，下同）作为德育共同体的建设纲领，建设全方位立体化德育网络。横渠精神涉及了宇宙、苍生、自然等多方面的思想信仰要求。中医院校德育共同体要培养具有横渠精神的人，需要建构具有横渠精神内核的立体化德育网络，帮助学生在追寻道德信仰的过程中发现自我、成就自我，培养大格局和大境界，为德育共同体建设坚定基础。

---

① 谭建伟，李凌. 数字时代大学生生涯发展与就业指导[M]. 重庆：重庆大学出版社，2022：15.

第二节 中医院校德育共同体建设框架

一、中医院校德育共同体系统性建设思路

中医院校德育共同体系统性建设思路强调构建一个在实践中能够紧密合作、优势互补、共同进步的德育生态系统，多层面实现德育要素的整体联动，确保各环节的相互促进。中医院校德育共同体系统性建设思路在不同系统中表现为三个相互影响、相互制约的共同体模式，即教学共同体、治理共同体和实践共同体，其通过资源共享、信息互通、策略协同等机制，共同推动中医院校德育共同体的系统性建设。

（一）教学共同体建设

中医院校德育共同体系统性建设的关键在于构建一个高效、系统的教学共同体。教学共同体不是一个简单的教育集合体，而是一个以师生互动为核心，融合知识传授、情感认同和人格塑造的全方位体系。

1. 教学共同体强调的是师生之间的主体互动

在教学过程中，教师的"教"与学生的"学"相互依存、彼此依赖，共同推动知识的流动与传递。教师不再是单纯的知识传递者，而是扮演了引导者和伙伴的角色，引导学生发现知识的魅力，陪伴他们探索未知的领域；学生也不再是被动接收知识的容器，而是成为主动的学习者，积极参与课堂讨论，勇于探索新知识，与教师共同构建知识的殿堂。

2. 教学共同体注重师生在认知、情感、行为等多方面的相互影响

为了确保知识的有效传递，教师的知识结构和教学方法需要与学生的认知结构和学习方式相契合，从而构建一个和谐的教学环境。同时师生之间的情感交流同样不可忽视，它是建立师生认同感和归属感的关键。当师生在情感上产生共鸣，德育便能更加深入人心，激发学生的道德自觉，提升教育的整体效果。

3. 教学共同体是一个动态发展的系统

面对不断更新的教育理念和快速发展的教育技术，学校必须保持敏锐的洞察力和主动创新精神，对教学共同体进行持续自我更新和完善。学校作为德育共同体建设的主要阵地，应紧跟时代步伐，积极探索适应新时代特点的德育教育模式。通过引入新的教学理念、方法和手段，推动教学共同体在更高层次、更广领域实现发展，为学生提供更加优质、高效的德育与知识技能教育，培养出具备良好医德医风的新时代医学人才。

（二）治理共同体建设

治理共同体建设的核心是要激发主体内生动力。在教育生态学的视角下，德育共同体的成员并非孤立存在，而是紧密相连、互为支撑的德育主体。每位教师都是德育工作的践行者，肩负着"德育成为各科教学最重要目标之一"的使命。德育共同体建设是一项复杂的系统工程，有必要在其内部进行专业化分工，将德育任务合理地分配给不同的部门和人员。但这并不意味着各自为政，相反，各主体之间的密切配合和整体工作的统筹规划显得尤为重要。

德育治理作为高校治理的重要组成部分，追求的是"有道德的教育"这一核心目标，这需要全体成员围绕共同的目标集体参与、协同实践。构建治理共同体，正是为了解决传统德育中存在的内生动力不足问题。过去，德育往往依赖政策驱动和单一主体的主导，这种模式难以激发全体成员的积极性。构建治理共同体就是要解决这一问题，使中医院校德育共同体建设从错位的实然状态走向有效治理的应然状态。

（三）实践共同体建设

实践共同体建设旨在强化主体间的共同成长。根据教育生态学的理论，学生道德品质的形成深受学校内部教育和外部动态的社会关系网络的双重影响。高效的实践共同体建设不仅要求共同体内部成员间沟通顺畅，还需确保公共体建设内外部力量协调发力。为了实现这一目标，家庭、学校和社会之间的紧密合作变得至关重要。其中家庭不再是简单的外部环境因素，而是成为共同体建设重要的内部推动力量。学校、家庭和社会三者相辅相成，共同构成了一个实践共同体。

二、中医院校德育共同体建设架构

中医院校德育共同体建设架构立足于社会主义核心价值观的深刻内涵，秉持全方位、多角度的发展理念，确立了以塑造个人全貌、集体全貌、世界全貌为核心的建设方向。在这一架构中，我们强调五育并举，即德育、智育、体育、美育、劳育的全面发展；传承中医文化，弘扬中华民族精神内涵；培育全球胜任力，为培养具备国际视野的中医人才奠定坚实基础。通过这一建设架构，我们致力于打造一个全面、系统、高效的中医院校德育共同体，为中医事业的传承与发展贡献力量。

（一）以社会主义核心价值观为引领

2022年10月，党的二十大强调"社会主义核心价值观是凝聚人心，汇聚民力的强大力量"，对新时代广泛践行社会主义核心价值观作出全面部署。[①]中医院校德育共同体建设要以此为遵循，以社会主义核心价值观为引领，不断夯实德育共同体建设的思想道德基础。

在中医院校德育共同体以社会主义核心价值观为引领的建设过程中，要注意把社会主义核心价值观具象化，使其贴近大众、贴近生活，确保每位师生都能深切感知其力量，深刻领悟其内涵，将其内化为指导个人品德修养的精神引领，外化为积极向上实际行动。这一过程不仅体现了社会主义核心价值观与个体德行的紧密结合，更将国家、社会、公民的价值要求融为一体，让中医院校德育共同体建设有了明确的指引。这既是对马克思主义道德观的创新拓展，更是新时代立德树人根本任务下的本质要求。

---

① 刘玉瑛，赵长芬，王文军.读懂新征程200关键词[M].北京：中国民主法制出版社，2023：165，166.

（二）以个人全貌、集体全貌、世界全貌为主要建设方向

道德根植于生活，并满足生活的需求。生活是个体生命的动态展现，体现了人的生命历程全貌。学生在学习和生活实践中塑造道德，其道德风貌与学习生活状态紧密相连。德育共同体的建设，应将学生成长中的真实问题和自我成长的经历纳入其中，并以此指导学生解决当下及未来要面对的问题。这样才能提升学生的道德认知水平，更能增强他们解决道德问题的实际能力。中医院校德育共同体建设贯穿学生学习和生活全过程，涉及各个方面，包括个人与集体、个人与世界等。

1. 个人全貌

个人全貌立足个人发展全过程，其核心在于关注每一个学生的全面发展，包括内在思想和外在行为，它是中医院校德育共同体建设的基石。这一建设方向强调坚持"五育并举"，即德育、智育、体育、美育和劳动教育的有机结合。如德育旨在培养学生的道德品质和社会责任感，使其具备高尚的人格魅力；美育通过艺术熏陶，提升学生的审美情趣和人文素养。个人全貌的建设方向，要求中医院校在德育共同体建设过程中，不仅注重专业知识的传授，更要关注学生的精神成长和全面发展。

2. 集体全貌

集体作为个人发展的土壤，其重要性不言而喻。集体全貌描绘的是集体与个人密不可分的关系，是指个人的成长离不开集体，集体的发展离不开个人。在集体中，个人能够感受到团队的凝聚力，形成共同的目标和追求；集体的发展也需要每个成员的积极参与和贡献，这种相互依存的关系使得集体全貌成为德育共同体建设的重要方向。

（1）集体全貌的建设方向有助于提升团队责任感。在集体中，每个成员都应当明确自己的角色和责任，为集体的发展贡献自己的力量。这种责任感的培养不仅有助于个人成长，还能够促进集体的和谐与进步。

（2）集体全貌的建设方向有助于强化国家认同感。中医院校作为培养医学人才的重要基地，其德育共同体建设应当紧密围绕国家发展大局，培养学生

（3）集体全貌的建设方向还有助于传承和弘扬民族精神。中医院校在德育共同体建设中，应当注重培养学生的民族自豪感和自信心，传承和弘扬中华民族优秀的传统文化和医学精神。通过集体学习和实践活动，学生能够更加深入地了解民族文化，形成自己的文化自觉和文化自信。

3. 世界全貌

随着全球化的不断深化，人类命运联系越来越密切。中医院校德育共同体建设的世界全貌方向是指超越国界，以全球视野为指引，致力于培养一批既精通中医精髓，又具备广阔国际视野的新时代医学精英。这些人才应能够敏锐洞察世界医学动态，积极参与全球卫生合作，以尊重多元文化的胸襟，促进医学知识的国际交流与文化互鉴。坚持世界全貌的建设方向，就是坚守服务全人类的价值高地，确保培养出的医学人才能够紧跟世界发展步伐，为解决全球健康问题贡献中医智慧与力量，共同守护人类健康福祉。

（三）以民族精神、全球胜任力为重点建设内容

1. 民族精神

民族精神的建设内容是指培养有"中国心"的学生。中华民族精神凝聚了中华民族的历史记忆、文化基因和道德观念，是中华民族赖以生存和发展的精神纽带、支撑和动力，中医院校德育共同体建设必须强化这一内容。强调民族精神的培养，就是要引导学生深入理解中华民族精神的内涵，激发他们对祖国的热爱之情，培养他们的民族自豪感和历史使命感。同时要注重将民族精神与现实生活相结合，引导学生将民族精神的内涵融入到日常学习、生活和未来的职业发展中。通过参与社会实践、志愿服务等活动，让学生亲身体验和感悟民族精神的伟大力量，从而内化为自身的精神追求和行动准则。

2. 全球胜任力

民族精神的建设内容是指培养胸怀世界的学生。全球胜任力包含4个向度，具体如图3-2所示。

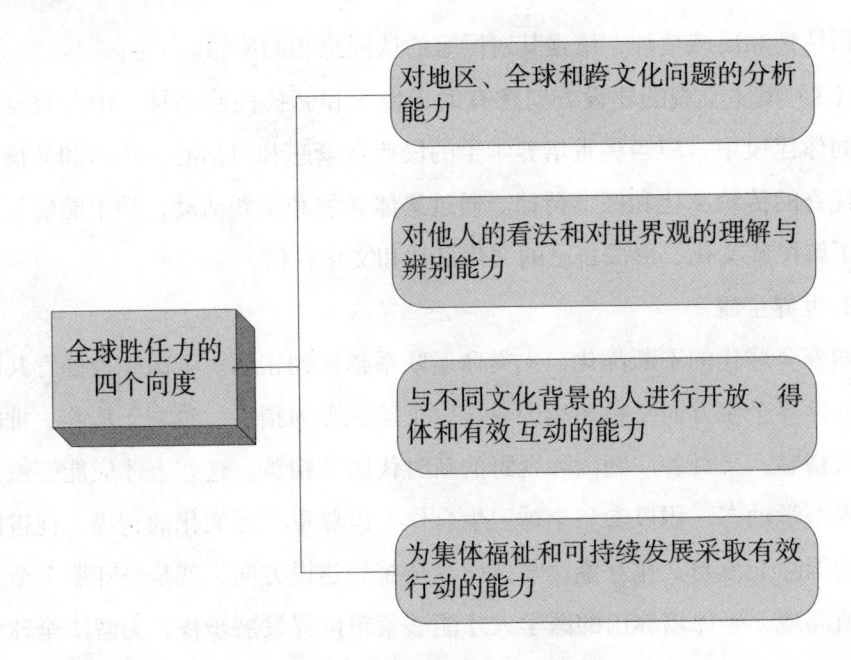

```
                    ┌─── 对地区、全球和跨文化问题的分析能力
                    │
                    ├─── 对他人的看法和对世界观的理解与辨别能力
 全球胜任力的四个向度 ─┤
                    ├─── 与不同文化背景的人进行开放、得体和有效互动的能力
                    │
                    └─── 为集体福祉和可持续发展采取有效行动的能力
```

图 3-2　全球胜任力的 4 个向度

第四章　中医院校德育共同体的多场景建设

第一节　课堂教学中的德育

课堂是学校实现德育目标的重要场景，也是开展德育工作的核心阵地。这里的课堂场景不仅包括思想政治理论课，还包含学校其他专业课程，它们都担负着德育任务。德育共同体的课堂场景建设作为中医院校立德树人的重要方面，不能只依靠思政课堂，更应从课堂本质入手，将学校德育融于其他专业课堂教学全过程，贯穿于课堂教学、社会化实践、作业论文等各环节。课堂教学中的德育并不意味着偏重理论知识的讲授和说教式德育，中医院校应丰富课堂德育功能，增强课堂德育效果，让课堂场景在中医院校德育工作中发挥越来越重要的作用。中医院校应深化教育教学改革，充分挖掘各类课程德育资源，发挥好各门课程的育人功能，将德育切实融入课堂教学建设全过程，将正确的、全面的思想道德教育知识内化于心、外化于行，实现润物细无声的教育效果。

一、中医院校德育共同体建设中的课堂场景构建

（一）思想层面的构建

1. 尊重学生的主体地位

当代大学生崇尚个性自由，对教学中的说教和命令式教育方式表现出排斥。为了提升课堂效果，让学生乐于接受教师所主张的价值观和行为导向，教师需要改变教学策略，最关键的是教师要在思想层面做出改变，明确学生的主体地位。教师作为引导者，用启发和互动的方式引领学生探索知识，使学生在愉悦

的学习氛围中自然接受正确的价值观和行为准则。"道德教育是一种非注重发挥德育对象主体性而不能具有实质性效果的教育形态。"[①]坚持学生的主体地位表现出了教师对学生日益多元的思想观念和价值取向的尊重，对学生思维活动的独立性、多样性等的充分理解。

学生道德信仰的养成是一个循序渐进的过程，必须充分尊重其思想道德成长的自然规律。中医院校在构建德育共同体时，应认识到这是一项长期而艰巨的任务，无法一蹴而就。德育工作者应当积极作为，不断丰富课堂教学环境，通过生动有趣的案例、深入浅出的讲解，引导学生树立正确的价值观和道德信仰。

课堂德育场景的构建需要遵循以下三个原则，具体见表4-1。

表4-1　课堂德育场景构建的三个原则

原则	具体解释
平等性原则	教师要摒弃知识、认知水平高于学生和课堂上居于主体地位的思想，应构建平等、民主的师生关系。在教学资源分配、教学组织及评价上，应坚持师生间、学生间的平等原则
包容性原则	学生间因地域文化、成长环境、性格及自我发展目标的差异，课堂表现、反馈及教学效果各有千秋。教育者应秉持包容之心，以学生为本，尊重每一个学生的独特性，和而不同。在理解和接纳这些差异的基础上，教育者要创造出一个和谐的学习环境，让学生在尊重和鼓励中共同成长。
差异性原则	思维活动的独立性、多样性决定了学生群体在思想观念和价值取向上的多元。这种多元化反映在课堂德育教学上，则表现为不同学生对不同道德问题、社会现象及理论观点等的认识程度和思维深度可能存在较大区别，这就需要教育者充分尊重并理解这种差异性

2. 树立"课堂即生活"理念

"教育即生活"是美国教育家杜威的一个重要观点，杜威认为，"学校是社会生活的一种形式，教育是生活的过程"，他主张每个学校成为一个"雏形的社会"，最好的教育就是"从生活中学习""从经验中学习"。[②]我国著名

[①] 檀传宝.学校道德教育原理[M].北京：教育科学出版社，2000:82.
[②] 郭华.理智 情感：中国校长芬兰、以色列考察笔记[M].北京：教育科学出版社，2016：129.

思想家、教育家陶行知先生说："没有生活做中心的教育是死教育，没有生活做中心的学校是死学校，没有生活做中心的书本是死书本。"[①] 因此，中医院校德育共同体建设中的课堂场景构建必须树立"课堂即生活"理念，学校德育的本质必须源于生活，课堂德育内容必须源于生活，让生活本身成为教育的内容和手段。

真实的生活体验是学生获得深刻道德感受的源泉，只有如此，他们才能形成坚定、正确的道德信仰，并将其外化为行为。作为课堂教学引导者的教师应深知，生活本身的教育力量最为强大，教师的职责在于精心组织、营造这样的生活场景，让学生在这样的课堂中自主体验、感悟，从而塑造出健全的道德品格，促进德育共同体建设。

3. 秉承"对话式"教学观

所谓对话式教学是指教育者与受教育者双方从各自的理解出发，以语言为中介，以交往、沟通为实践旨趣，取得更大融合视界的一种教学原则与方法。建构对话式的教学模式，注重师生、生生互动交流，能够迫使学生改变学习的被动状态而进入主动状态，使学生更深刻地了解并接受分层教学思想的内涵。[②] "对话式"教学作为课堂教学的一种新模式，以其坚实的理论基础，在课堂教学中展现出独特的魅力。它不仅使深奥的理论知识与学生们的思想实际紧密相连，更将理论与学生行为实践融为一体。在"对话"的引导下，课堂教学变得生动而深入，真正触及学生的内心，引发他们的深度思考，真正实现课堂教学的知识入脑、思想入心。

中医院校德育共同体建设中的课堂场景构建必须秉承"对话式"教学观。课堂教学不应是单向传授，更不是教师的独白，而应是师生平等对话的过程。教师在课堂上不仅要传授专业知识，更要将自己的学识、人格、道德信仰等作为教学不可或缺的一部分，让课堂教学真正具有生命力，使课堂"活过来"。

---

① 陶华山. 立德树人：知行合一的实践探究 [M]. 苏州：苏州大学出版社，2020：96.
② 祁润根. 分层施教，共同发展 [M]. 延吉：延边大学出版社，2019：92.

（二）实践层面的构建

1. 课堂德育责任的师生共担

学生既是课堂教学的主体，也是德育的主体。只有当学生真正意识到自己对课堂教学的责任，并且有能力切实地履行自己的责任时，课堂德育情境的构建才有了稳固的根基。教师作为课堂教学的指导者，应给予学生足够的空间，让学生有机会去体会这份责任，培养责任意识担当精神。同时，教师需灵活掌控课堂，确保场面有序、价值导向正确。当课堂出现失控、价值偏离或学生经验不足时，教师应及时介入，引导课堂回归正轨。课堂场景的成功构建，离不开师生双方的共同努力和默契配合。只有师生共同承担起课堂德育责任，中医院校德育共同体建设中的课堂场景才能成功构建。

2. 开展实践性教学

"实践是学习的基础，学习依赖于实践，实践对认识起决定作用。"[①] 学生想要形成科学的人生观、价值观，提升自身的道德修养，离不开实践性教学，更需要持续不断地践行和强化。实践性教学强调对学生主体性和主动性的尊重。在教学设计上，教师应精心为学生打造渐进式成功体验，以持续激发他们的学习兴趣。实践性教学的内容应丰富多样，如课堂实践活动、社会实践等，让学生在不同场景中学习和成长。同时，评价体系也需与时俱进，注重过程化、动态化和综合性，确保能全面、准确地反映学生的表现。这样的评价体系能够激励学生更加积极主动地参与课堂，深化体验，促进个人全面发展。

二、中医院校德育共同体建设中的情景式课堂

（一）中医院校德育共同体建设中的情景式课堂的教学模式

1. 问题引入

德育问题的引入方式是中医院校德育共同体建设中的情景式课堂教学模式

[①] 高万能.学会学习、学会成功[M].贵阳：贵州人民出版社，2006：38.

的立足点。马克思指出:"主要的困难不是答案,而是问题。因此,真正的批判要分析的不是答案,而是问题。"[1] 以问题引入的方式作为情景课堂的切入点和启动点,能够激发学生在课堂上的学习兴趣,引导学生迅速进入学习状态。尤其是在讲述道德传承和道德实践等内容时,采取案例式问题导入,能够让学生产生积极思考。面对道德两难问题时,可以引导学生从个人、集体、社会等多角度,结合理论全面分析判断,这不仅锻炼了他们的思辨能力,还加强了自主自觉学习的积极性。问题引入的教学方式有效突出了学生的主体性,让他们在解决问题的过程中,深刻领悟道德的真谛,实现知识的内化与升华。问题引入的教学模式需要遵循三项准则,具体见表 4-2。

表 4-2 问题引入的教学模式准则

要遵循的准则	具体解释
问题是教学的起始点和突破点	在教学过程中,学生所有的主动认知都由疑问而来,情景式课堂必须根据学生的认知规律开展,以问题导入作为教学的起始点和突破点
问题选择要指向明确	所有问题的选择必须服务教学目标的实现,要具有明确指向
问题要递进设计,具有层次性	课堂教学目标的达成不可能一蹴而就,需要一个过程,这就需要问题设计具有层次性,利用好奇心一步步激发学生的求知欲,进而达到课堂教学目标

2. 团队式学习

中医院校德育共同体建设中的情景式课堂以团队式学习为教学模式的着力点。一是团队式学习需要贯穿于整个课堂教学环节,结合讲授和讨论,确保学习的深度和广度。在团队式学习设计上,需全面考虑,细致管理,如团队组建、讨论分工、作业设计等。二是在情景式课堂上,要用团队情景来融合其他情景,把团队情景同样贯穿于整个课堂教学环节。在团队情景设计上,要注意下面 4 个关键点,具体如图 4-1 所示。

---

[1] 马克思,恩格斯.马克思恩格斯全集:第 1 卷 [M].北京:人民出版社,1995:203.

在主题选择上
主题选择应发挥教师的引导作用，符合课程性质，理论结合实践，避免政治错误，确保教学导向正确

在小组讨论上
注意提升小组讨论质量，避免形式化，确保每位学生积极参与，防止应付或缺席，确保讨论的深度与实效

在课堂展示上
课堂展示应主题明确，形式多样，发挥学生主体作用，满足学生的心理期待和诉求，创造互动、有趣的课堂氛围

评价体系
建立公平、公正、透明的打分机制，确保评价的客观性，使每一个学生的努力和付出都能得到公正的认可

图 4-1 团队情景设计的 4 个关键点

3. 紧扣现实问题

中医院校德育共同体建设中的情景式课堂以现实问题响应为教学模式的落脚点，这也是对课堂教学开始时问题导入的回应，体现了情景式课堂首尾呼应的逻辑完整性。以现实问题响应方式作为情景式课堂教学的落脚点，一是能激发学生对知识的深入探索，更能引导他们课后通过阅读、理论学习和社会实践等多种途径，积极寻求答案，为后面的学习奠定坚实基础；二是能有效培养学生的实践能力，培养他们学会将所学知识应用于实际，提高发现问题和解决问题的素质和能力，为他们的全面发展打下坚实基础；三是在教师的引导下，能使学生增强自我意识，培养其积极进取的精神，帮助其为形成良好的品德而向自身提出要求和任务，自觉地进行思想转化和行为控制。

（二）中医院校德育共同体建设中的情景式课堂的评价考核方向

1. 课堂教学过程的"情景化"评价

传统的课堂教学通常采用标准化考试来评估学生的学习成果，但这种考核模式并不适用于情景式课堂。情景式课堂注重模拟真实生活或社会环境，让学生在具体的情境中学习与实践。因此，情景式课堂的评价与考核同样需要"情景化"。具体包括表现性评价、形成性评价等内容，如图 4-2 所示。

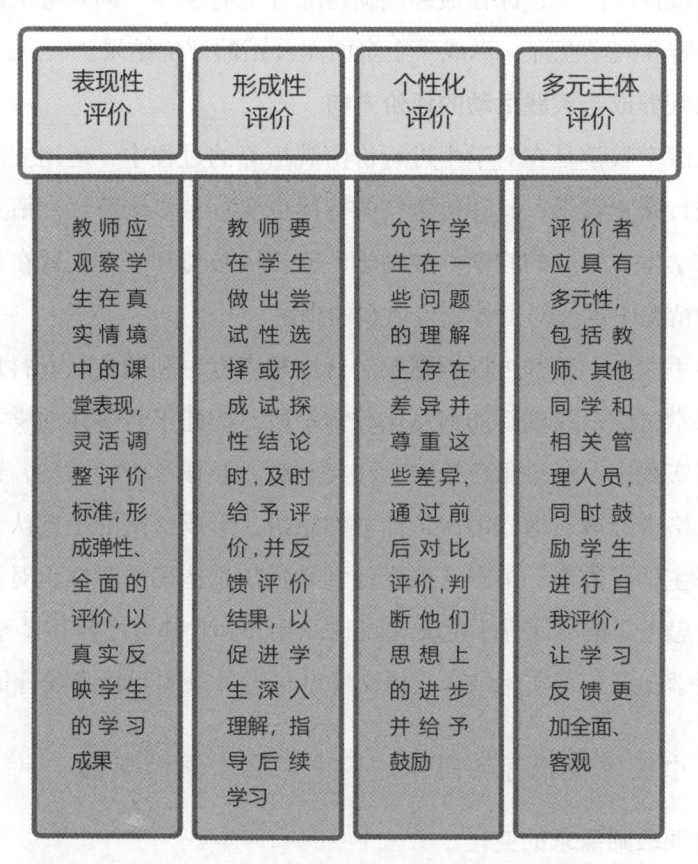

表现性评价	形成性评价	个性化评价	多元主体评价
教师应观察学生在真实情境中的课堂表现，灵活调整评价标准，形成弹性、全面的评价，以真实反映学生的学习成果	教师要在学生做出尝试性选择或形成试探性结论时，及时给予评价，并反馈评价结果，以促进学生深入理解，指导后续学习	允许学生在一些问题的理解上存在差异并尊重这些差异，通过前后对比评价，判断他们思想上的进步并给予鼓励	评价者应具有多元性，包括教师、其他同学和相关管理人员，同时鼓励学生进行自我评价，让学习反馈更加全面、客观

图 4-2　情景式课堂评价考核的具体构成

2. 情景式课堂教学的全方位考核

情景式课堂教学倡导一种全面而多元化的评价与考核体系。这种教学模式不仅在教学目标的设定上追求多元化，更在教学内容和方式的设计上融入了情景化元素，使得评价过程更加立体和丰富。在教学方式上，情景式课堂引入了小组调查模式、探究模式和学习循环模式等，这些模式不仅增强了学生之间的互动和合作，也为评价提供了多样化的角度；在教学效果上，教师不仅关注学生的知识掌握程度，而且更重视他们在实践中的表现及思维能力的提升以及团队协作能力的发展。

具体到课程上，教师会记录学生的日常出勤率、课堂发言、实践性作业完成情况、推荐书目的阅读心得以及小组讨论的表现等，这些都将作为平时成绩的重要评定依据。同时，课程最终成绩将综合平时成绩、期末考试成绩以及学生的自我评定和同学互评，形成一个全面而公正的评价结果。

3. 价值观养成与实践活动的评价方向

情景式课堂教学是在对学生进行价值观培养的过程中，运用立体、多元的教学手段进行课堂教学，其评价考核的指标也要具有多维特性。情景式课堂教学是注重以学生为中心的教学，鼓励学生的积极参与和互动，旨在让学生在真实或模拟的情境中深化对道德和价值观的理解。

在教学手段上，教师可以根据教学目标和内容，利用文献资料片、经典文献阅读、课堂讨论以及创新的信息化教学手段，构建丰富多样的学习场景；在活动和实习实践中，通过角色扮演、冲突解决、模拟学习等活动，让学生在一定的情境脉络中形成对道德的深入体验和感悟，形成深刻的道德认知；在引导学生开展自主学习方面，情景式课堂教学鼓励学生运用所学知识对社会重大问题进行独立思考，撰写课程小论文。同时，组织学生参与社会考察等实践活动，让他们将所学知识与现实相结合，提交考察报告，以实际行动践行价值观。

（三）中医院校德育共同体建设中课堂需求的变化

1. 对授课教师需求的变化

情景式课堂教学模式注重教学的过程性和实践性，要求教师在课堂上不仅要做好学习引导，更要敏锐地捕捉并及时反馈和总结教学过程中出现的问题。教师对学习过程中出现的问题，应具备当堂研判能力，并根据现场情况积极主动地创设相应情境。在课堂上，教师扮演着类似于教练的角色，虽然他们不是学习活动的直接参与者，但他们却负责整场活动的策划、监控和指导。在情景式课程的教学过程中，教师需要精心设计和控制各种情境，确保这些情境能够最大程度地帮助学生实现预期表现，达成教学目标。例如，面对道德两难问题，教师不仅要引导学生展开讨论，还要巧妙地营造讨论氛围，把握讨论方向，确保社会主义核心价值观成为学生们道德实践的准则。

情景式教学的实现并非易事。虽然教师只是课堂上的引导者，学生为学习主体，但实际上教师需要在课外投入大量的时间和精力来确保课堂效果。教师需要不断加强自我学习，更新自己的知识体系，以此来提高教学质量，将人才培养与学科建设紧密结合，真正实现教学相长。

2. 对学生要求的变化

情景式课堂教学模式首先要求学生要明确自身的主体地位，要积极主动参与情景式学习，用自己的思想和行为为课堂注入活力。上文我们把课堂上的教师比作教练，那学生无疑是赛场上的队员，是全场活动的主角，是比赛能够取胜的直接因素。而学生在课堂上的每一次思考、每一次发言，都会直接影响到情景式教学的质量和效果。因此，情景式课堂教学对学生提出了更高的要求。

情景式教学模式对学生提出了更高的要求。比如，课堂前的准备，需要其主动阅读大量文献，为课堂讨论和汇报准备素材，为实习实践积淀更深厚的理论功底。学习过程及多元化的考核也对学生提出了更高的要求。

（1）在课前准备阶段，学生需要主动阅读相关文字资料，这不仅是为了完成教师布置的任务，更是为了培养自己的学术素养和批判性思维能力。他们需要从海量的信息中筛选出有价值的内容，为课堂讨论和汇报准备充分的素材。这样的过程，不仅锻炼了学生的阅读能力，还培养了他们的信息筛选和整合能力。

（2）在学习过程中，学生需要更加积极主动地参与课堂讨论和实践活动。他们需要敢于提出自己的观点，勇于接受挑战和质疑。他们还需要具备团队协作和沟通能力，与同学们一起探讨问题、解决问题。

（3）多元化的考核方式如小组讨论、项目汇报等要求学生具备总结能力、创新能力、理论联系实际等多方面的能力。

三、中医院校德育共同体建设中丰富课堂德育功能的途径

（一）立足课堂本身，推动德育贯穿教学各环节

中医院校课堂教学中的德育应在课堂授课中做到切合实际、贴近现实。课堂中教学内容应紧密结合中医的专业特色，将医德、医风等融入日常教学，让学生在掌握专业知识的同时，深刻理解医德的重要性。此外，教学应贴近现实生活，通过案例分析、实践操作等方式，使学生能够将所学知识与实际结合，发挥隐性教育的力量，培养既有医术又有医德的中医人才。

1. 让课堂教学具有鲜活性

在课堂教学前，教师要精心准备课程，确保课堂内容全面、丰富且充满趣味。通过生动的教学案例、互动的讨论环节及实践操作的融入，教师能够有效激发学生的课堂参与度和学习兴趣。生动的课堂氛围能够使学生深刻理解所学的专业知识，还能够潜在地将融入其中的德育元素作用于学生的人生观、价值观和世界观，进而持续地影响学生的言行举止。

2. 促进德育教师与专业课教师的共同教学研讨，提高教学内容质量

为了提升课堂德育的教学质量，应推动德育教师与专业课教师的共同教学研讨，这不仅为专业侧重不同的教师提供了互相交流借鉴的平台，更是一个规避错误方法、吸取成功经验的宝贵机会。德育教师凭借对道德教育的深刻理解和丰富经验，能够为专业课教师提供有效的德育与专业课融合上的指导；而专业课教师则以其广泛丰富的专业知识，为德育教师带来对专业课程更加系统的见解和认识。双方相辅相成，互相总结概括，能够共同推动课堂德育在多方面、全方位上实现高质量发展。

3. 丰富课堂教学的实践性

"实践是检验真理的唯一标准"[1]，而课堂教学的成果必须在实践中检验。实验实训和作业论文等实践环节，正是将抽象知识转化为具体能力的桥梁。加

---

[1] 夏阿白. 哲学100问 [M]. 北京：中国商业出版社，2019：183.

强道德教育在实验实训、作业论文等方面的输入能力，不仅能弥补传统课堂德育在实验操作环节的不足，更能促进学生对道德理念的深入理解和应用。通过丰富课堂教学的实践性，学生不仅能够增强对思想知识的理解能力，更能掌握其运用方法，实现知识的融会贯通。在实践中寻找真知，于实验中明辨真理，这样的教学模式，才能真正做到将课堂德育覆盖教学全过程。

（二）推进网络等新技术的运用，创新课堂德育教学模式

现代网络等新技术为课堂德育教学带来了新变化。中医院校作为我国中医人才培育阵地，应积极拥抱新科技，创新教学方式，优化教学环境，提升学生的参与感和体验感，使学习过程更加生动、有趣。中医院校应紧跟时代步伐，以科技为引领，将现代网络等新技术融入课堂教学，让德育在科技的助力下焕发出新的光彩。

1. 利用新媒体技术实现寓教于乐

新媒体是利用数字技术，通过计算机网络、无线通信网等渠道，以及电脑、手机、数字电视机等终端，向用户提供信息和服务的传播形态。[1]在当今数字化时代，新媒体技术为教育带来了革命性的变革。对于课堂德育来说，以新媒体技术为依托，通过线上教学平台，学生可以随时随地接入学习，电子作业则使作业提交与批改更加便捷。数据资料库的丰富性为学生提供了广阔的学习空间。结合图像、影音等多媒体元素，课堂内容变得更加生动有趣，大大提高了学生的学习兴趣和道德教育的"入心"速度。

2. 利用现代信息技术拓展课堂教学的时空限制

随着现代信息技术的飞速发展，课堂教学的内容与形式出现了前所未有的变革。这一变革的核心在于打破了传统课堂教学的时空限制，使课堂教学不再局限于固定的教室和固定的时间，没有了场地性和实时性等限制。（1）利用线上教学与录屏技术，教师可以轻松构建虚拟课堂，使得课堂德育范围及时间覆盖更加全面，为学生提供了更加灵活的学习时间选择。学生可以根据自己的

---

[1] 王卫明，胡丹，黄晓军.新闻作品赏析[M].2版.武汉：华中科技大学出版社，2022：131.

需求，随时随地进行学习，大大提高了学习的效率和质量。（2）大数据技术的应用也为课堂教学带来了更多的可能性。教师可以利用大数据对信息进行搜索和保存，轻松获取丰富的教学资源。这些资源不仅使课堂教学内容更加丰富多彩，还能为学生提供更多的启示和思考。在德育课堂上，这些资源能够帮助学生更好地理解社会现象、培养道德情感，使课程更具教育意义。中医院校德育共同体课堂场景建设中利用现代信息技术拓展课堂教学的场景构建具体可见附录一。

（三）综合运用第一课堂和第二课堂，不断拓展课堂德育方法和途径

中医院校德育共同体建设中的德育课堂应"坚持立德树人的根本任务，切实遵循人才培养规律、高等教育规律和青年成长规律，深入挖掘第二课堂育人价值，系统提升第二课堂育人实效，逐步健全完善第一课堂和第二课堂深度融合、相辅相成的人才培养模式，培养德智体美劳全面发展的社会主义建设者和接班人"[①]。

第一课堂是学校的理论课堂，以教师为指导，以学生为主体，强调积极主动参与。教师要不断更新课堂教学理念与方法，拓展课堂教学的方法与途径，突破传统课堂教学的桎梏，在思想观念和教学内容上进行创新与拓展，为教学任务的有效完成奠定坚实基础。第二课堂为学生的能力锻炼与素养提升提供了实践平台。中医院校应坚持理论教育与实践养成相结合，鼓励师生亲身参与，以此强化实践能力，并激发深厚的家国情怀。这不仅有助于提升学生的思想政治觉悟，还能增强他们的专业知识与综合素质，为立德树人的教育目标奠定了坚实的基础。

---

① 乐上泓. 高校第二课堂成绩单制度体系的理论与实践探索——以闽江学院为例[M]. 北京：光明日报出版社，2021：168.

第二节 生活中的德育

道德来源于生活，其发展的最终指向亦是为了促进生活的和谐与进步。随着社会文明的进步与社会生活的日益丰富，大学校园的开放程度也越来越高，学生的生活世界正逐步扩展并呈现出多样化的特点，这使得学生的日常生活成为德育工作在课堂之外的重要实践场所。"道德与生活原本是一体的，道德的存在和意义取决于生活，德育的存在当然也是为了人的生活"[1]。生活中的德育强调人们对生活的热爱与体验，倡导在真实的生活场景中塑造德性，而非脱离实际，在虚幻的世界中追求道德品质的抽象培养。这是对部分高校德育与生活脱节现象的深刻深思，更是对过度知性化、概念化的德育模式的反省。生活德育强调德育的实践性和生活化，鼓励人们在实际生活中感悟道德、实践道德，以实现个人德性的全面提升和社会的和谐发展。

"在思想史上，共同体总是被赋予更多的伦理意义，指称一种美好的道德生活愿景。一般地看，共同体既内在地拥有对公民德性的诉求和期待，又为公民德性的展现提供了意义背景。"[2] 共同体对个体的德性诉求与期待为德育共同体的构建提供了社会基础，这种诉求根植于现实生活。人们生活的世界本质上就是一个共同体，德性是其内在支撑，而共同体则是德性的存在形式。真实生活是中医院校德育共同体建设的重点场景，强调在课堂德育之外关注生活德育。生活德育存在于学生的日常生活中，鼓励学生通过生活实践和生活体验来培养德性，使学生在真实的生活情境中自然而然地形成和强化道德品质。

---

[1] 郭纯生.大学生生活园区德育研究——兼论回归生活世界的德育[D].上海：上海大学，2014.
[2] 寇东亮.生活共同体与公民德性养成[J].郑州大学学报（哲学社会科学版），2010(3)：17-21.

一、生活德育的内涵及特征

（一）生活德育的内涵

近代以来，教育理念不断发展革新，传统德育仅关注道德知识和理念的讲授，已无法满足当今人才培养的多样化需求。德育必须紧跟时代步伐，在坚守传统精髓的同时，持续寻求创新。我国著名教育家陶行知先生曾指出，道德教育需要紧密联系实际生活。他认为德育应从学生的实际生活出发，鼓励学生主动参与到德育过程中，发挥他们的主观能动性。唐汉卫提出，生活道德教育就是"要让学生在热爱生活、了解生活、亲自去生活的过程中培养德性，学会过一种道德的生活，而不是在现实生活之外的另外一个世界里去培养人的道德"[1]。冯建军则认为："德育就是生活德育，是个体在完整的生活内容中，以道德的生活方式，自觉建构一种道德生活。"[2]鲁洁认为"德育的目的是为了建构生活，从而回归生活，用以更好地关注生活、反思生活和改变生活"[3]，这些都从理念层面上论述了生活与德育相互依存的关系。

生活德育，简单来说就是从生活出发、在生活中进行最终回到生活的德育。德育深深植根于现实生活的土壤，生活中德育无处不在，无时不在。生活德育打破了传统德育的局限性，使其不再局限于单一的知识传授，而是与生活实践紧密相连，更易于被人们接受和认可。生活与德育本就是相互的共同体，生活本身就是德育的源泉和舞台，而德育则是生活的重要组成部分。生活德育并非与传统知识性教育割裂，相反，它正视生活的复杂性，将知识、环境、政治等因素融入其中，形成了一种更为全面、立体的教育模式。

生活德育强调在课外以实际生活经验为基础，以生活性道德教育弥补学校传统知识性道德教育的不足。随着大学生活日益丰富，生活德育成为中医院校

---

[1] 唐汉卫.生活道德教育论[M].北京：教育科学出版社，2005: 126.
[2] 冯建军."德育与生活"关系之再思考——兼论"德育就是生活德育"[J]. 华中师范大学学报（人文社会科学版）.2012(4):132–139.
[3] 鲁洁.道德教育的根本作为：引导生活的建构[J].教育研究与评论：中学教育教学，2010(10):91.

德育共同体建设的关键。它不仅强化了德育效果，还充分利用了校园内外的各种生活资源。通过设定与生活紧密相连的德育目标，选择源于生活的教育内容，将德育过程融入日常生活，营造充满生活气息的校园文化。生活德育为大学生提供了"课堂与生活"的双重指导。

（二）生活德育的特征

1. 导向性

生活德育本身是一种道德教育，具有鲜明的导向性特征。它不仅积极引领德育共同体成员个体的成长，更在深层次上为社会的发展提供了精神动力，其具体内容始终紧扣社会主流价值，确保其内容符合时代发展的需要。在德育生活场景构建中，中医院校应组织丰富多样的校园活动，为师生营造舒适且具有教育意义的生活环境，引导学生理解并接受主流价值观，帮助他们建立健康的生活习惯、高尚的生活美德及健全的人格素质，使学生在潜移默化中接受道德熏陶。生活德育的导向性特征使得学生在日常生活中能够自觉地遵循道德准则，开展有道德、有意义的生活。

2. 系统性

生活德育的系统性特征体现在德育内容的广度上，也深刻映射在其时间的连续性和生活的多样化场景中。

（1）生活德育涵盖了我们日常生活的各个层面，从物质性生活到社会性生活，再到精神性生活，无一不被纳入其教育的范畴。这种全面性使得生活德育在行为主体上展现出连贯性，它贯穿了我们生命的每一个阶段，让个体在不同时期都能获得相应的生活体验。这些体验不仅具有个体的独特性，更因为人自身的价值追求而具有普遍的相似性和关联性，从而共同塑造出一个完整的价值观和处世思想。

（2）从时间的角度来看，生活德育在人的生命跨度上表现出系统性。人生的各个时期都在不断地进行生活体验，这些体验在时间的流逝中相互交织、相互影响，共同构成了人生的价值体验。

（3）生活德育的场景多样性也体现了其系统性。德育在生活的不同场景中全面展开,这些场景虽然各不相同,但它们并不是孤立存在的,而是相互关联、相互影响的。生活德育的各个部分、各个层次都相互关联,共同构成了一个完整的系统。

3. 实践性

生活由无数次的实践和经历构成,每一次的尝试和体验都是一次宝贵的学习机会。生活德育本身就具有实践性,这种实践性不止停留在理论层面,更是对个体的生活实践进行着指导。生活德育的实践性特征在人们的日常生活中体现在各个方面。无论是简单的日常交往还是复杂的社会活动,都蕴含着道德的元素。这些道德元素需要在实践中被感知和体悟。通过实践,我们可以更深刻地理解道德的内涵,掌握道德的行为准则和规范。

道德作为一种价值观,需要通过实践行为来不断校验、补充和完善。只有在实践中,我们才能发现道德的不足之处,及时进行调整和改进。生活德育正是建立在这样的实践基础之上,是以生活体验为基石的道德教育,它深深扎根于日常生活的点滴之中,鼓励我们积极参与社会实践,通过亲身体验来加深对道德的理解和认识。

4. 成长性

社会一直在不断进步,人们的生活也在不断发展,道德准则也不是一成不变,历史上的每一个时期,道德准则都有一定的变化。人不是一个完全独立的个体,而是处在社会环境影响下的个体,其道德观念的形成和发展深受社会环境的影响。社会环境的变化,如政治、经济、文化等方面的变革,都会对人的道德要求产生深远的影响,这种与时俱进的成长特性,使得道德准则能够不断适应社会发展的需求,推动社会的进步。

生活德育作为德育的重要组成部分,其教育内容和方式也随着社会的变革而不断调整。在社会层面,生活德育需要关注人与人、人与社会之间的关系,引导人们形成符合社会规范的道德观念和行为习惯。在个体层面,生活德育则需要关注个体在成长过程中所面临的不同阶段和情境,提供适合个体发展的道德教育内容和方式。一个人在生活中会经历不同的人生阶段,遭遇不同的生活情境,这些都会对其道德观念和行为习惯产生影响。因此,生活德育需要关注个体的成长历程，提供适合不同阶段的道德教育内容和方式，帮助个体形成正确的道德观念和行为习惯，促进其全面发展。

二、生活德育的目标

（一）在生活实践中培养个人德性

个人德性是在人的生活实践过程中形成并发展的，生活德育"在本质上是人类自然的、思想的、实在的、实践的与对话的存在形式"[①]。生活德育的目的是就是在生活实践中培养德性，让个体坚定道德信仰，实现健康全面发展，获得幸福生活。在传统德育框架内，学生所能经历的德育体验带有一定的局限性，知识的获取与理解往往未能转化为实际行动，这使得学生在人格塑造过程中缺少了至关重要的实践体验和行为强化。这种局限性不仅限制了学生的全面发展，也影响了他们在实际生活中道德规范的运用。

生活德育注重将道德观念与生活体验相结合，利用生活体验传授学生正确的道德理念，为其提供了一个广阔的实践平台，让学生在实际生活中践行并检验这些道德原则，使学生学生不仅能够深入理解道德的真谛，还能学会妥善处理人与人及人与自身之间的关系。柏伟认为："政治教育生活化就是思想政治教育要更加体现'以人为本'的精神，更加明确地把关心人、尊重人、发展人和开发人的潜能作为思想政治教育工作的宗旨，让人们在现实生活中学会生存，学会做人，享受人的尊严和人的幸福等权利，全面提高人的生活质量和精神境界。"[②]

生活德育深深植根于学生的生活体验之中，其丰富的内容及灵活的形式都会产生相应的德育效果，这不仅可以为学生提供了全面而深刻的道德启示，更在潜移默化中塑造了他们多面化的人格气质。生活德育源于生活，更贴近实际，让学生在实际生活中学习、体验和成长，为他们未来的发展奠定坚实的道德

[①] 罗碧琼，范春香，唐松林. 生活德育：超越现代德育的误区 [J]. 中国德育，2018(18)：32-35.

[②] 柏伟. 高校思想政治教育生活化探究 [J]. 高教发展与评估，2011，27(2)：102-107.

基石。

（二）回归生活、服务生活

生活德育的最终目标是为了服务于生活，创造更好的生活体验。从教育根本属性上来说，生活德育致力于教人求真、塑造真实的自我。生活是德育共同体建设的重要场景，德育不仅来源于生活，更要融入进生活，指导人们如何更好地生活。生活德育强调，在学生的日常生活中拓展德育共同体建设空间，触及学生心灵的深处，进行更为深刻的教育。

生活德育的目标明确，旨在通过不同的生活体验，使个体在潜移默化中进行道德的熏陶，完善个人的价值观。这不仅仅是道德层面的提升，更是为了增强人与人、人与自然之间的和谐，提高生活的幸福感。为了实现这一目标，中医院校德育共同体建设应当积极回归生活、服务生活。通过对学生生活方式、生活精神的教化，帮助学生提升道德水平，增强精神力量。这样的德育共同体建设不再是空洞的、抽象的，而是与每个人的生活紧密相连，真正融入到生活的每一个细节之中。

（三）推动德育发展

中医院校德育共同体建设中的生活场景构建将德育与生活更加紧密地联系在一起，是对传统德育的有益补充，让德育更加全面和立体。生活德育是一种区别于传统德育的实践性教育，更加注重个体道德层面对其个人成长和社会国家价值的积极贡献。生活德育强调将书本或课堂中的道德价值观与实际生活中的方法论紧密结合，使学生在实践中不断充实和完善自己的精神世界。生活德育的发展，是对时代发展和社会进步的有力回应。随着社会的不断发展，人们对于道德和价值观的要求也越来越高。生活德育正是基于这样的时代背景，致力于培养具有高尚道德情操和良好行为习惯的个体，为社会的发展和进步贡献力量。

三、中医院校德育共同体建设中的生活场景构建

（一）学术场景

学术场景是中医院校德育共同体建设的生活场景中关键组成部分之一。在大学生活中，除了课堂教学外，大学生活的很大一部分时间在课外学术氛围中度过，如课堂外的课程学习、科研实验、毕业设计等活动。这些课堂外的学术场景建设对于学生的专业学习具有极大促进作用，更是德育共同体建设的重要生活场景。

1. 营造和谐的学术氛围

大学生活中学术场景虽然不是真正的课堂教学，但也存在着教与学的关系。如课题研究、论文撰写等活动虽然没有课堂作为载体，但仍然存在教师与学生之间的指导与反馈的双向互动。这种教与学关系的建立，不仅利于知识的传递，更在于对学生人格的塑造和潜力的挖掘。教师的言传身教，无形中影响着学生的品格和行为，其严谨的治学态度和教学方法，能够引领学生树立正确的价值观和人生目标。在和谐的学术氛围中，学生能够独立思考，勇于创新，勇于质疑，敢于挑战传统观念，有利于学生创新思维和批判性思维的培养。

2. 团队文化的打造

良好团队文化的打造是构建学术场景的润滑剂，能够帮助学生有效融入学术团队，打造成员间和谐的人际关系，形成团队凝聚力和向心力。一方面，教师对学生学习和生活上的关怀与支持，让学生在远离家乡、面对学业和生活挑战时，感受到"家"的温暖，从而更加勇敢地面对困难，坚定前行的步伐。另一方面，师生间的交流互动不仅能够让学生感受到教师的悉心教导与真诚付出，还能促进教学质量的提升，同时也激发了教师对指导工作的热情与投入。在日常校园生活场景中，中医院校应注重学生间的互助友爱与合作竞争。通过朋辈之间的教育帮扶，营造出一个温馨有爱的学术氛围，让团队中的成员在和谐的学术氛围内体悟道德信仰的影响。

（二）校园文化场景

1. 中医院校的校风、学风建设

中医院校的校风、学风反映了学校世界观、人生观和价值观的教育，对学生的成长影响深远。

（1）校风、学风集中体现学校精神文化。校风、学风并非一朝一夕形成的，其承载着学校的厚重历史与文化，随着学校的发展而与时俱进。中医院校不仅致力于传授专业知识，更强调对学生品格与志向的培育，引导学生树立坚定的价值观并激励他们在未来的人生道路上践行，进而对社会产生积极影响。日常学习、丰富的校园活动、社会实践及校友交流等，都在无形中塑造着学生，给学生"烙印"上学校的特质。

（2）校风、学风促进学生更加全面成长。中医院校的校风、学风应鼓励学生胸怀壮志，勤学不辍，以所学知识服务于社会和国家，将人生理想与国家繁荣、民族复兴紧密相连。中医院校的校风、学风建设活动场景构建具体可见附录二。

2. 校园物理文化场景

校园物理文化场景是校园文化的重要组成部分，包含着校园内的自然环境、建筑设施与风格及各类标识等内容。这些元素共同构成了校园独特的风格，以生动具体的形象影响并塑造着学生。在设计上，校园物理文化场景不仅强调学校的文化内涵和理想追求，更通过独特的标识和建筑风格，激发学生对学校的认同感和归属感，让学生深入了解学校的发展历程和文化内涵，体验"强调式"的教育方式。校园物理文化场景通过精心设计的自然环境和建筑设施，传达出学校对师生的人文关怀和育人理念。这种设计让学校与学生融为一体，使学生产生归属感，增强对学校文化的理解和认同。

3. 校园课余生活场景

大学生活相对自由和宽松，学生们有着各自的兴趣爱好，这让学校的课余生活变得丰富多彩。学生们可以根据自己的喜好丰富课余生活，参加各类活动，如文化沙龙、体育赛事、科技创新、娱乐游戏等。这些丰富多彩的课余生活不仅拓宽了学生的视野，还为他们提供了实践锻炼和成长的机会。学生们可以在课余生活中锻炼能力，体验生活。

（1）文体类活动。学生社团举办或者学生自行组织的各类文体活动可以满足不同学生的爱好追求，为其提供不同的展示机会，学生可以发挥自己的创造力，释放自身的青春活力。中医院校可以组织与学科相关的知识竞赛等活动，让学生在运用所学知识的同时，锻炼团队协作和组织领导能力，在活动中融入德育元素，对课堂德育形成补充。舞蹈、歌唱、文学及体育竞赛等文体活动，可以营造积极健康的校园生活，提升学生的文化修养，锻炼学生的强健体魄，积极传递正能量，营造良好的校园生活氛围。

（2）网络活动。中医院校应顺应时代发展要求，积极拥抱网络新技术，抢占网络德育制高点。学校需着力打造主题网站、微信公众号等网络平台，使之与师生日常生活紧密相连。这些平台应涵盖校园新闻、社会时事、思想引领、文化体育等多元内容，以扩大校园新媒体在师生及社会中的影响力。同时，学校还需加强师生在新媒体平台上的互动交流，通过组织网络互动活动，实现德育从"一大片"到"点对点"的转变，提升德育的针对性和实效性，在网络世界中构筑一个"润物细无声"的德育新空间。

（3）实践类活动。中医院校应积极组织社会实践类活动，构建中医院校德育共同体建设的校园文化生活场景，对大学生进行道德信仰、社会认知及中医行业认知等教育。通过建设不同类型的实践活动场景，对中医院校学生进行不同角度的思想道德教育，为学生创造更多将自身发展与社会需要相结合的平台和机会。实践活动场景建设见表4-3。

表4-3 不同的实践活动场景建设

实践活动场景	具体要求
爱国主义教育场景	中医院校可以依托革命旧址、纪念馆等建立爱国主义教育基地，让学生在现场感悟历史、体悟革命精神
理想信念教育场景	依托生活条件相对艰苦和落后的地区建立起实践基地，让学生认识社会的不同层面，体悟责任、树立远大理想，切实将个人未来与社会发展相结合

续表

实践活动场景	具体要求
民族认同感和归属感教育场景	依托中华优秀传统文化遗产建立起文化传承基地，让学生能够真正接触到优秀传统文化，成为中华文化的传承弘扬者，铸牢中华民族共同体意识，增强民族认同感和归属感
职业规划教育场景	与行业知名企业、机构合作，共建实践基地，让学生有机会深入企业实习，提前接触工作岗位，体验职场环境，学生将更加清晰自己的职业方向，为未来职业发展奠定坚实基础

（三）人际关系场景

1. 学生公寓生活场景

"学生公寓是学生日常生活与学习的重要场所，是课堂之外对学生进行思想政治工作和素质教育的重要阵地。"[①] 学生公寓是大学生最为放松、最能敞开心扉的场所，是学生生活、学习和休息的公共场所，是反映学生精神风貌的重要窗口，是大学生离开家庭后的第二个"家"。学生公寓中，存在着朋辈间的人际关系，需要在德育工作中给予规范和引导，促进学生集体生活能力的提升，如着重培养集体意识、人际沟通能力、宽厚待人心态等。学校应鼓励和引导学生积极交流，通过相互学习、互相借鉴，强化自我认知，提升自我价值认同。

2. 餐厅

虽然餐厅只是学生就餐的一个简单场景，但在长达几年的校园生活中，餐厅依然是德育共同体建设中重要的生活场景。学校可以通过标语、警示牌、音视频等形式对学生进行思想道德教育。当学生在餐厅场景中发生矛盾时，双方都能用宽容友善的态度去解决问题，在他人需要帮助时能够伸出援手。

3. 图书馆、自习室等学习场景

图书馆、自习室等学习场景，不仅能够促进学生在学业上的进步，更是德育建设的重要场所。学校应倡导学生正确使用和高效利用公共资源，学会共享资源，发挥资源的最大效用；鼓励学生保持学习环境的宁静，专注学习，同时

[①] 山东教育厅学生处. 高校学生工作文件选编（上）[M]. 济南：山东人民出版社，2013：122.

保持空间的整洁，体现对公共环境的尊重与爱护，这不仅有助于学生形成良好的学习习惯，更能培养他们的社会责任感与公德心。

第三节　网络上的德育

在当今社会，网络早已不再是"新兴领域"，但德育对网络而言，仍然存在许多不适应。在网络上开展德育工作，不仅是方式方法上的拓展，更主要的是德育阵地的延伸。在人们的传统观念中，网络世界是虚无缥缈的，在传统德育观念里，网络也无法作为德育工作场景，但事实上网络却无时无刻不在影响着现实世界的人。随着信息技术的迅猛发展，互联网已无处不在，打破了学校、地域和国界的界限，极大地加强了人与人之间的连接。对于新时代德育工作者而言，对于德育工作而言，网络已不再是单纯的技术或虚拟空间，而是能对大学生产生深远影响的重要场域。这一场域既包含虚拟元素，也承载着现实的意义。

整个网络社会构成了虚拟与现实交织的德育场景，对中医院校德育共同体建设产生巨大影响。网络已经成为大学生一种不可或缺的生活方式，在这里，每个人都可以构建自己的知识和情感体系，进而影响自身的思想和行为，也可以认为连接网络的人，通过网络的交流，形成了一个关系共同体。中医院校应着重加强网络技术与道德伦理的融合，以网络技术将德育作用于这个关系共同体，开展德育共同体建设，推进网络思想政治教育、道德伦理教育及心理健康教育等。网络德育的关键点不是网络，而是学生。在中医院校德育共同体建设中开展网络场景建设，目的之一是用现实世界中的道德观念规范大学生在网络世界的所作所为，而更为重要的是通过网络场景，把虚拟世界和现实世界贯通起来，影响在此场景中的真实的人，构建其道德世界，进而指导他们的道德行为。

一、网络德育的内涵

（一）网络德育的概念

当代大学生在互联网环境中学习和成长，被称为"网络原住民"。他们已经习惯了在网上浏览新闻、网络学习、网络交友、网上购物等，网络已成为他们生活中不可或缺的一部分。他们无需踏出门，就能获得丰富多彩的生活体验，足不出户成为可能。网络为当代大学生带来了前所未有的自由与便利，物质消费与精神体验均得到了极大的拓展。网络不仅是他们获取信息、交流思想的重要平台，更是他们学习、生活、社交的重要载体。学习活动、教育方式、人际交往和思想意识都在逐步网络化，网络已成为他们的一种全新生活方式。

在传统观念里，道德与网络似乎完全不搭边，分属不同领域。网络是一个虚拟世界，基于互联网技术构成，道德则是在现实世界中产生并发展。网络德育概念是随着社会的发展提出的，网络不再是单纯的虚拟世界，它已经深深影响到人们的现实生活，网络的虚拟与现实的交织性，构成了网络德育的基础。在网络世界中存在着各种各样的生存与生活方式，人们同样开始面临道德问题，现实中的道德信仰问题已扩展到网络世界，深深地影响着人们的价值取向和行为规范。"从既有的教育实践来看，可以把网络德育理解为在网络平台上，运用网络技术，有针对性地开展相关的德育管理和德育活动，以解决网络道德失范问题、实现德育目标的过程。它是德育的一种现代化方式，并逐渐成为学校德育的重要组成部分。"[①]

网络德育作为中医院校德育共同体建设的新场景，以德育的基本目标和内容为基点，以网络为媒介进行德育活动，是新时代的一种德育模式。中医院校德育工作者通过网络传授道德知识，增加学生道德体验，培养学生的网络道德观念和意识，提高其网络道德水平。网络德育主要有两个工作方向，具体如图4-3所示。

---

① 许瑞芳.社会变革中的中国高校德育转型[M].上海：上海教育出版社，2014：79.

```
┌─────────┐
│ 在虚拟世 │
│ 界中开展 │
│ 道德教育 │
└─────────┘
┌─────────┐
│ 利用网络 │
│ 技术开展 │
│ 德育工作 │
└─────────┘
```

图 4-3　网络德育工作的两个主要方向

网络德育离不开不断发展的网络技术，通过网络技术丰富德育工作的手段和途径，将网络德育纳入当前中医院校德育共同体建设体系，这种转变使德育工作不再局限于传统线下模式，而是拓展至线上，实现线上线下双向联动，让网络德育具象化，形成真正有效的互动和影响，让教育过程变得生动、有趣，更加符合当代学生特点，提高德育工作的实效性。

（二）网络德育的核心内容

1. 加强网络思想领域建设

网络是一个开放性的信息交流平台，汇聚了各种社会意识和文化思潮，其作为重要的思想阵地，具有明显的政治属性，这也是网络德育的重要特征。加强网络思想领域建设，开展思想政治教育是网络德育的核心内容之一。在开放的互联网空间，不同性质的社会文化和思潮的涌入对社会核心价值观产生巨大影响。不良网络思潮在互联网上传播迅速，对当代大学生群体产生思想腐蚀和文化侵蚀。面对如此形势，中医院校必须筑牢社会主义核心价值观的"防火墙"，坚守马克思主义理论的指导地位，确保其在网络思想领域阵地的核心地位，守护网络空间安全，为中医院校德育共同体建设与社会的和谐稳定提供坚实的思想保障。

中医院校肩负着我国中医人才培养的重要使命，必须坚持社会主义办学方向，积极在网络思想政治教育中抢占先机，占领网络思想领域的制高点，依托网络环境和计算机技术手段，开展符合新时代特点和适应当代中医院校学生特征的德育活动。从技术层面看，依托计算机技术的网络作为先进传播手段具有明显优势。其几何倍数的传播速度能打破时空限制，实现信息最广泛、最快捷的传播。国家和高校应通过网络平台广泛传播社会主义核心价值观、社会道德观念及优秀传统文化，实现线上线下全面覆盖，确保网络德育的实效性。

2. 开展网络伦理道德建设，规范网络道德行为

网络德育的另一核心内容是网络伦理道德建设。道德具有三个层面内容，即意识、规范和行为层面。从这一角度来说，网络伦理道德建设具有三个层面核心内容，具体如图4-4所示。

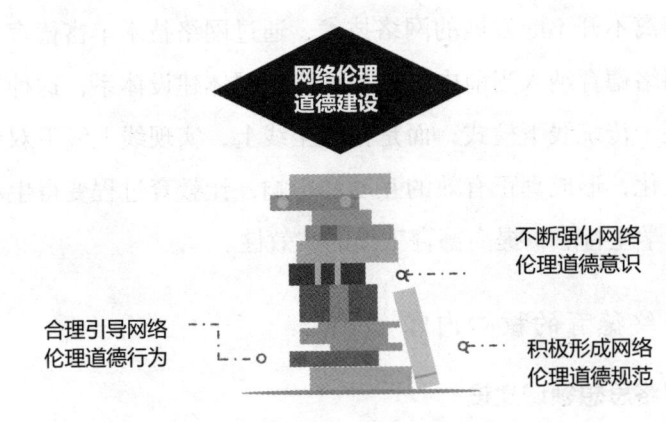

图4-4 网络伦理道德建设的三个层面核心内容

（1）网络伦理道德意识从根本上说是一种人的道德自律和内在道德需求，它是网络伦理道德建设的基石。网络社会形成后，便会不断通过网络思想和文化影响形成网络社会特有的道德观念和意识。这包括健康的道德观念，即明确网络道德的对错界限；理智的道德情感，即在网络中保持理性，不随意发表意见；坚定的道德意志，指坚持自我立场，不盲从他人；牢固的道德信念，意味着坚守正确的道德观，抵御错误观念的影响。

（2）网络伦理道德规范源于传统社会和网络社会伦理道德规范的共同要求。与传统伦理道德规范一样，网络伦理道德规范扮演着道德体系中社会性的他律角色，与网络法规共同维护网络社会的秩序。良好的网络伦理道德规范有两大支柱：首先，遵循网络"文明公约"，这是每位网络用户的基本责任；其次，摒弃不文明、不道德的网络行为，共同营造清朗的网络环境。良好的网络伦理道德规范反映了网络社会中广大成员的道德期盼，其核心宗旨是确保网络秩序，推动网络社会的健康发展。

（3）网络伦理道德行为是指在网络社会中与伦理道德、价值相关的行为，具有自律和他律合一的特征，这与现实中的伦理道德行为相一致。从自律性角度来说，网络伦理道德行为是指大学生具备良好的网络道德常识、观念，并能自我规范网络行为；从他律性角度来说，网络伦理道德行为强调大学生需有良好道德意识，遵守网络道德规范和法则，明确其边界，并依此行事。

3. 开展网络环境下的心理健康教育

现实生活中的心理健康教育是高校德育工作的核心内容，在网络环境下，心理健康教育依然是网络德育的核心内容。网络环境下的心理健康问题是继互联网出现后产生的一种新型心理问题。在当今社会，网络像一张无形的大网，时刻包裹着我们。虽然大部分大学生在法律上已经成年，但却尚未形成成熟的人格，自律性不足，很容易在无处不在、无时不在的网络中迷失自我，沉溺于网络世界而不能自拔，造成迷茫、冷漠、情绪不稳定等心理障碍。对于高校德育工作者来说，就要不断提高自身心理健康教育水平，深入分析问题产生的原因并找到解决办法，对大学生进行良好的心理健康教育和行为习惯引导。

鉴于心理健康问题的私密性，高校德育工作者在推进相关教育时，必须恪守规定，确保学生隐私。网络技术提供了"人机"互动的新模式，有效保护了个人隐私，为心理健康教育带来了便利。在网络心理健康教育中，德育工作者可以充分利用网络的技术优势，采取网络心理辅导、在线心理咨询、网络心理知识普及等多种形式，为学生提供更加便捷、高效的心理支持。

（三）网络德育的载体

1. 课堂

这里所说的课堂主要指第一课堂，这是中医院校德育工作的主战场、主渠道。中医院校德育工作者应充分利用网络技术，创新设计网络德育课程，结合时代特点探索教学组织方式，以提升网络德育教学水平。通过网络平台的互动性、便捷性，使德育更加生动、高效，满足学生多样化需求，推动中医院校德育共同体建设的现代化发展。如何利用好第一课堂开展网络德育具体见表4-4。

表4-4 利用第一课堂开展网络德育工作的具体做法

做法	具体要求
创新网络德育课堂教学形式	当代大学生网络行为具有获取知识信息化、言论表达自由化、学习方式个性化等特点，教师需要与时俱进，不断创新网络德育课堂教学形式和方法，让网络德育课堂教学首先从"外表"上符合当代大学生的特点需求。教师可以从网络上寻找灵感来源，体现网络德育的时代性、社会性和实践性，引导和鼓励学生主动参与，给予个性化体验，让学生自主开展体验式、情景式自我德育，尊重学生的主体地位
完善网络德育课堂教学内容	网络德育要与时俱进，将相关理论、伦理规范、法律法规、价值信仰等内容融入到德育课程体系，精心设计网络德育的课程内容，保证网络德育知识的正确性与实效性
提升教师网络德育素养	一是强化网络意识。提升教师网络德育素养不是抽象的口号，而是要首先落实到思想观念上，让网络意识在思想深处扎根，突破传统课堂教学思维定式，用网络思维指导教学实践工作。二是提高网络技能。教育行政部门和中医院校要加大网络技能培训力度，完善培训体系，全面提升教师网络技能水平。三是坚持价值导向，承担更大的社会责任。教师要积极学习相关法律法规，严格遵守网络社会法律与道德规范，并提升网络安全保护能力，增强网络教育安全责任意识，时刻警惕网络教育安全风险与网络威胁，筑牢中医院校网络安全防线，全面提升网络安全意识和信息素养

2. 校园德育网站

中医院校应加强素质发展、心理健康等不同类别的专题德育网站，提升这些网站的建设规模、内容质量和用户体验，为开展网络德育工作筑牢坚实基础。

（1）网站建设规模方面：中医院校应关注校园德育网站建设数量与质量的协调性。当前网络技术已不再是网站建设的障碍，校园德育网站重点在于如何提高这些门户网站的整体质量。当前，不少高校在专题门户网站建设中存在低水平重复的问题，这不仅浪费了宝贵的网络和教育资源，也影响了师生的使用体验和信息获取。这些低质量的网站不仅无法满足师生的道德需求，还可能对网络德育传播产生负面影响。只有确保网站数量与质量相协调，才能更好地发挥网络在德育领域的积极作用。

（2）网站内容方面：中医院校应遵循"内容第一"原则，在提升网站建设质量的过程中，重视网站中网络德育内容建设，打造和传播正能量的德育知识内容和道德观念等，并依托先进互联网技术，多渠道开展德育工作，为网络德育营造良好环境，形成网络德育氛围。

（3）用户体验方面：中医院校在建设德育网站时应紧扣时代脉搏，捕捉社会热点，精准定位师生对网络德育宣传的兴趣所在。通过不断挖掘德育内容、创新网络德育形式，结合新媒体传播特点，将网络德育与网络形式紧密结合，注重用户体验，形成良好的对话和互动。这样才能发挥德育专题网站作为网络德育的载体作用，增强师生的网络德育体验，推动中医院校德育共同体建设的不断创新和发展。

3. 移动客户端

移动客户端是指可以在移动中使用的网络终端，包括手机、笔记本、平板电脑等，这些已成为移动互联网时代个人使用网络的主要趋势。其中，以智能手机为代表的移动客户端已经成为大学生学习和生活的重要载体，他们通过手机可以随时随地访问教育资源，参与线上学习，享受多姿多彩的大学生活。中医院校在利用移动客户端时应注意以下三个方面，以推动网络德育工作的开展。

（1）充分发挥移动客户端的自媒体功能，积极做好网络德育的宣传引导工作。随着5G技术的发展，手机等移动客户端让人与网络及人们之间的联系更加畅通，成为互联网时代重要的自媒体平台。通过手机媒体，各类德育信息可以迅速传播给大学生群体，并且形成几何倍数传播效应。高校德育工作者应充分利用手机媒体积极拓展德育教育的创新渠道，发布形式多样、内容丰富的德育信息，以吸引大学生的注意力并实现快速传播。同时，必须理解和掌握自媒体的传播特性，合理引导舆论，确保信息的质量，预防和解决可能出现的负面内容，以保障网络环境的健康和学生的成长。

（2）利用移动客户端的网络平台功能。移动客户端作为一种网络学习平台，打破了传统学习模式的时间与空间限制，为大学生的学习提供了更多可能性。大学生现在可随时随地通过网络在线学习、网络图书馆和网络课堂等形式进行学习，不再受时间和地点的限制。对于高校德育工作者而言，要重视利用移动客户端的平台功能，开发适合大学生特点的德育平台，建设丰富多样的德育内容，方便学生及时获取正确的德育信息。

（3）重视移动客户端的社交功能。以智能手机为代表的移动客户端已经成为大学生社交文化的主要工具。高校德育工作者应深入了解网络社交的特性及平台的功能，建立与大学生平等的网络社交关系，积极融入大学生社交圈，保持频繁的互动交流，关注大学生的日常学习、生活及思想状态等各方面内容，为网络德育工作的开展打好基础。

（四）网络德育的发展

1. 网络德育的生成与发展

在网络发展的初期，由于网络道德观念和价值信仰还未形成，当时的网络德育主要是基于现实社会的道德准则。将现实生活中用于处理人际关系的道德标准和价值信仰应用于网络社会面临的问题，以此来调整网络中的道德关系。这个阶段的网络德育实际上是现实德育工作的网络化延伸，主要是在网络上进行德育内容的宣传，其德育方式和手段相对较为有限。

随着网络技术的不断进步，网络社会迅速扩展，带来了网络伦理道德的种种变化。网络社会需要解决和应对自身发展过程中的新问题和新挑战，尤其是网络伦理道德对网络社会乃至现实社会造成的影响。在这一过程中，网络德育必然要发展出适应其自身需要的理论与实践体系。在网络社会中，道德行为和观念的隐匿性增强，传统的显性道德功能逐渐弱化，对既有的德育形式造成了冲击，这要求我们重新审视人的行为、人性价值及道德问题。这一过程使网络德育进入反思和自省阶段，通过这种批判与思考，网络德育超越了传统德育的局限，实现了理论的澄清和再认知。随着时间的推移，网络德育开始从模仿嫁接阶段过渡到自我生成、发展阶段，新的道德理念和价值观逐步形成并发展，最终构建了相对稳定的德育概念和模式。

2. 网络德育的完善

在经历了现实传统道德的线上转移嫁接和新的道德理念、价值观形成与发展后，网络道德迎来了完善期。在当今全球化背景下，道德信仰等问题都会被放在民族和全球视角下共同审视。各种复杂多元的道德观、价值观汇聚在一起，德育工作者及广大青年学生需要学会甄别，选择正确的符合社会主义核心价值观的价值追求和道路诉求。在网络道德的完善过程中，有两个问题必须要解决，一是道德的传承与发展问题。德育工作的开展首先要继承和发扬我国优秀德育传统，在此基础上，用以指导解决当今时代面临的道德问题。尤其是对于网络道德而言，要努力实现自身的发展与现代化，以适应不断变化的社会需求。二是民族性与全球化的关系问题。这一问题从本质上说就是道德的普遍性与特殊性问题。普遍性与特殊性具有辩证统一的关系，矛盾的普遍性和特殊性原理是认识和把握事物的特色和事物所具有的类的一般特征的理论工具，矛盾普遍性往往是一类事物和他类事物区分开来的依据，矛盾特殊性往往体现同类事物不同个体的差异和特色。[①]在全球视角下，德育工作既具有民族特色的特殊性，又具有普遍性的规律。在不同道德信仰与价值观交织的网络社会，德育工作者必须坚持德育工作的社会主义方向，在弘扬社会主义核心价值观的基础上，尊重其他文化，促进不同文化之间的交流。

二、中医院校德育共同体建设中的网络德育体系构建

（一）网络德育课程体系的构建

当前，我国许多中医院校尚未设立专门的网络德育课程，只在思政课中有所体现，这远远不能满足大学生在网络环境下对德育的需求，同时也未能充分发挥网络德育在整个德育教育体系中应有的作用。第一课堂是宣传和传播网络道德规范和价值信仰的主阵地，必须加快网络德育课程体系的构建。这个体系应涵盖网络道德规范的教育、网络安全知识的传播以及如何正确使用网络资源等内容。中医院校应积极整合现有资源，开发一系列符合现代教育需求的网络德育课程。这些课程要教会学生如何在虚拟的网络世界中保持真实的人生态度

[①] 杜黎明. 新时代的理论意蕴研究[M]. 成都：四川大学出版社，2022：134-135.

和价值追求，有效地引导和激励学生在网络社会中展现良好的品行与责任感，课程设置还应与时俱进，反映出当下社会对于网络道德与安全的新要求，确保学生能够适应数字化时代的发展需求。

（二）教师要积极开展符合时代特征的网络德育活动

教师作为中医院校德育共同体的重要组成部分，在开展德育工作中起组织和主导作用，要积极开展符合时代特征的网络德育活动，包括网络德育课程内容的编写与课堂教学的开展等。一是通过思政课这一德育主渠道开展网络德育课程，提高学生的网络道德意识与水平。二是依托第二课堂及第三课堂等多元化的实践场景深化网络德育，加强对学生网络道德理念和价值信仰的引导。三是积极运用先进的互联网技术手段，设计形式多样的网络德育活动，通过网络平台拓展网络德育体系。

（三）为网络德育营造健康有序的网络环境

互联网的开放性特征使得网络空间充斥着大量无用及不健康的信息，严重影响了大学生的健康成长。为了确保网络德育工作的有效性，必须建立健康有序的网络环境，构建清洁、安全的网络空间，有效地引导大学生树立正确的价值观和道德观。

1. 通过法律和宣传教育手段建设网络秩序

加强网络立法工作，制定和完善相关法律法规，明确界定网络行为的权利与责任，对于网络言行进行合理限制，确保网络活动有序进行，为网络空间提供清晰的法律框架；通过学校教育、媒体报道等多种渠道，加强对公众尤其是年轻一代的网络道德观和价值观的培养。这不仅能帮助年轻人识别和抵制网络中的不良信息，更能够激发他们主动维护网络秩序，参与到构建健康网络环境的行动中来。

2. 通过技术手段净化网络环境

面对当前网络德育生态环境的挑战，我们应从人与技术的关系中寻找解决之道。要化解网络社会的负面影响，需从根本上审视并运用技术本身的力量。

互联网技术在保障网络安全方面扮演了重要角色，例如，通过网络安全技术进行网络舆情监控、大数据分析，维护网络安全，防止黑客入侵、病毒攻击、网络犯罪及过滤冗余信息等，使网络环境得以净化，有利于构建一个更健康的网络德育生态，为大学生的健康成长提供保障，实现网络空间的积极教育功能。

在网络德育环境的净化过程中，我们需要充分发挥网络技术的净化功能。当前网络防范和监督技术还有待完善，特别是在高校中，需要更好地利用这些技术进行防范、监督和正面引导。中医院校应当依托并发展技术手段，实现网络道德环境的净化，有效地创建一个清洁、有序的网络空间，促进大学生的健康发展和网络德育的有效实施。

3. 充分考虑全球网络整体生态环境

在构建网络德育环境时，必须充分考虑全球网络生态环境的整体状况。我国网络环境的治理是全球互联网环境治理的一部分，区域性的网络生态环境治理，绝不能忽视全球网络整体生态的健康。网络技术已将全球紧密相连，真正实现了"地球村"，在"地球村"中，人类共享着网络带来的便利与进步，同时也共同面对网络社会所带来的挑战。这些挑战尤其突出地反映在网络伦理道德生态环境上，在这一方面我们既追求共识也尊重差异。这正是当前全球互联网文化追求的"开放、共享、创新、自由、平等"等共同价值观的核心所在。在推进网络德育工作时，我们必须在维护国内网络环境的同时，积极参与全球网络生态环境的治理，以实现网络空间的健康发展和全球互联网的共同繁荣。

第五章 中医院校德育共同体的多路径建设

第一节 身份认同中的德育

中医院校德育共同体具有多元主体,其身份都是社会生活中的不同个体,且与其他身份相联系而形成一个整体的身份集合。身份认同中的德育(简称身份德育,下同)是德育功能直接、具体的客观反映,具体的身份、地位对应的是特定的权利和义务,体现的是相应的思想和行为。对于中医院校学生而言,大学生和社会生活中的个体两者身份存在着不同,不同的身份场域赋予大学生不同的角色。在中医院校德育共同体中,身份德育是要通过大学生现在及以后拥有的不同身份进行引导式教育,达成情感共识,唤醒主体意识,让学生在相应的身份实践中树立身份认同,规范应有行为,达成思想与行为上的统一。

身份德育是中医院校在育人过程中,基于人的本质、全面性和社会性等特征,通过科学系统的身份教育活动,对学生所要承担的社会身份进行引领和指导,旨在帮助学生内化道德规范,树立身份认同,从而在身份实践中自觉遵守伦理要求。这种"内化式"的德育模式,是中医院校构建德育共同体的重要路径,不仅促进了学生的个人成长,也推动了其社会责任感的提升,为培养德才兼备的医学人才提供了有力支持。

一、身份德育的理论基础

(一)马克思主义人学理论

马克思主义人学理论是马克思主义科学理论体系中重要的组成部分,人学理论聚焦现实的人，对人的本质、需要、价值等问题进行探讨，体现了丰富的人文精神，为解决人自由全面发展问题提供指导性方法，具有很强的理论价值和解决现实问题的时代价值。[①]马克思主义人学理论中蕴含的"人的全面发展学说""人的本质学说"等为中医院校开展身份德育工作奠定了坚实的理论基础。国家的教育方针已经明确指出，要"培养德智体美劳全面发展的社会主义事业的建设者和接班人"[②]，我国高校一直围绕"人"这个主体开展德育工作。

1. 人的全面发展学说

该学说是检验身份德育实施效果的指导理论，身份德育是否取得应有成效，一个关键判断标准就是是否有利于人的全面发展。马克思主义关于"人的全面发展学说"分为三个层次，重视人的全面发展和自由发展，具体如图5-1所示。

第一层次
在人的体力和智力获得共同发展的基础上，人的劳动能力得以全面发展

第二层次
这一层次是人的社会关系的全面发展。人如果想发展自己，必须把自身置于社会关系的互动中，才能最终实现人的全面发展

第三层次
第三层次是人的自由全面发展。人由于天赋的差异性，导致个性的不同。正是由于人的自由个性，才会产生出人的全面性。

图5-1 "人的全面发展学说"的三个层次

2. 人的本质学说

"人的本质学说"让身份德育路径变成可能。马克思认为："人的本质不是单个人所固有的抽象物，在其现实性上，它是一切社会关系的总和。"[③]这说明人的本质是人的社会属性，这是人之所以为人的根本原因。人的社会属性

---

① 郑智婕.浅析马克思主义人学理论及当代价值[J].哲学进展，2022，11(4)：672-676.
② 陈文斌.点亮可能：从薄弱走向优质[M].厦门：厦门大学出版社，2023：70.
③ 马克思，恩格斯.马克思恩格斯选集：第1卷[M].北京：人民出版社，1972：501.

也就是人的社会化，而社会化既是人的全面发展的过程，也促进了人的社会属性的形成与发展。大学阶段是人生非常重要的一个过渡阶段，由依赖原生家庭的非成熟状态向个体独立的成熟状态过渡，是实现一个人社会化的关键阶段。当个体完成社会化身份转变之前，必须要做好有效扮演这种身份的准备，大学是个体社会化准备的重要场所。在个体社会化身份转变过程中，社会对大学生不同身份的要求有着一整套与之相对应的规范和行为模式。身份德育就是在大学生社会化过程中，帮助其完成技能社会化、思想道德社会化、精神社会化等转变。

除了社会属性，人的本质还具有历史性，随着社会关系的发展而变化。每个个体在从出生到成长为一个适应社会发展需要的人的过程中，通过对历史和传统的学习，以及与社会上其他个体的交流、互动，逐渐掌握知识、技能、道德、价值观等。因此，中医院校德育共同体建设过程中，必须注重人的社会属性和历史性，关注社会关系对人的影响。

（二）心理学中的身份理论

身份扮演通常被视为心理学的一个技术手段：通过了解他人的身份，再对比自身原有身份，学会更有效地扮演自己的身份。这一技术因效果良好被广泛应用，在改善人际关系等方面表现出色。研究人员深入思考后发现，长时间沉浸在某种身份的扮演中，能够深刻影响个体的心理结构。身份扮演过程中，人们会亲身体验到与角色紧密相关的情感，这些情感体验并非短暂即逝，而是会逐渐渗透至他们的内心深处。随着时间的推移，所扮演角色的某些显著特质，如性格、习惯或价值观，会渐渐固化在个体的心理结构中，进而引发其个性的实质性转变。心理学中的身份理论为身份德育提供了理论指导，当出现一些特殊情况时，如角色冲突、错位等，这一理论可以提供明确指导，有针对性地寻找解决方案，为身份德育的实现奠定技术基础。

（三）伦理学中的身份理论

伦理学中的身份理论对当代中医院校德育工作具有重要的价值引领作用。在构建和谐社会的背景下，个体扮演着不同的身份角色，并在社会互动中承担相应的责任和义务，遵循特定的伦理规范。只有当个人的身份认同与社会发展需求相契合时，个体成长与发展才能转化为推动社会进步的力量。在中医院校德育共同体的身份德育建设中，身份伦理成为了指导个体行为的重要指南，它有助于培养大学生的精神内涵，解决道德冲突，促使他们成为符合社会期望的公民。

二、身份德育的解构

（一）中医院校学生的身份特征分析

1. 依赖性与独立性

（1）依赖性。中医院校的学生在身份认知过程中带有一定的依赖性。由于年纪轻、阅历有限，学生在成长过程中仍面临很多问题，需要他人的帮助。他们虽然在努力突破"单纯学生"的局限，积极融入大学生活，但在学业、职业、人际关系及情感处理等方面仍缺乏实际经验。在身份认知和行为规范上，他们渴望得到更多的指导和帮助，以更好地适应大学生活，实现个人成长。

（2）独立性。在带有依赖性的同时，中医院校的学生自从进入学校后，其实已经踏上了"独立自主"的学习和生活道路，他们努力告别过去的依赖，不再单纯依靠父母、师长的指引，而是选择自我探索和成长。这些学生展现出一定的独立性，有着明确的自主意识。他们能够认识到自身的身份对于个人和职业成长及社会实践的重要性，他们有着强烈的愿望，希望通过不断的学习和实践，凭借掌握扎实的中医理论和临床技能，去获取某种社会身份。

2. 同一性与差异性

（1）同一性。中医院校的学生都是一群充满活力的年轻人，他们具有"学生"和"准社会人"的双重身份。这种双重身份赋予了他们不同的使命与责任，既要不断学习知识和技能，提升中医素养，还要塑造健全的人格，树立坚定、正确的道德信仰，以适应复杂多变的社会环境。在双重身份下，中医院校学生存在一些共性问题。他们通常怀揣着对未来的美好憧憬，这种理想色彩使得他们看待问题时容易过于乐观，甚至片面单一，对一些挑战和曲折估计不足，这在一定程度上影响了他们面对困难时的决心与毅力。

（2）差异性。这里的差异性主要是指阶段性和不同性两个方面。一是阶段性。不同年级的学生在身份认知发展上存在明显的阶段性，对于刚进入大学校园的学生来说，辨别高中生身份和大学生身份的不同是第一要务，以更好地适应接下来的大学生活和学习；对于即将毕业的学生来说，对于身份的认知要更多地关注如何成为一名符合社会要求的"社会人"，顺利地完成身份转换，更好地走出校园、走向社会。二是不同性。这种不同性基于大学生个体对身份认知的差别性。由于学生自身的知识和认知水平及发展速度的不同，导致个体对身份认知的差别性。

3. 稳定性与可变性

大学生身份的稳定性与可变性互为依存，并可以相互转换，具体体现在以下三个方面，如图 5-2 所示。

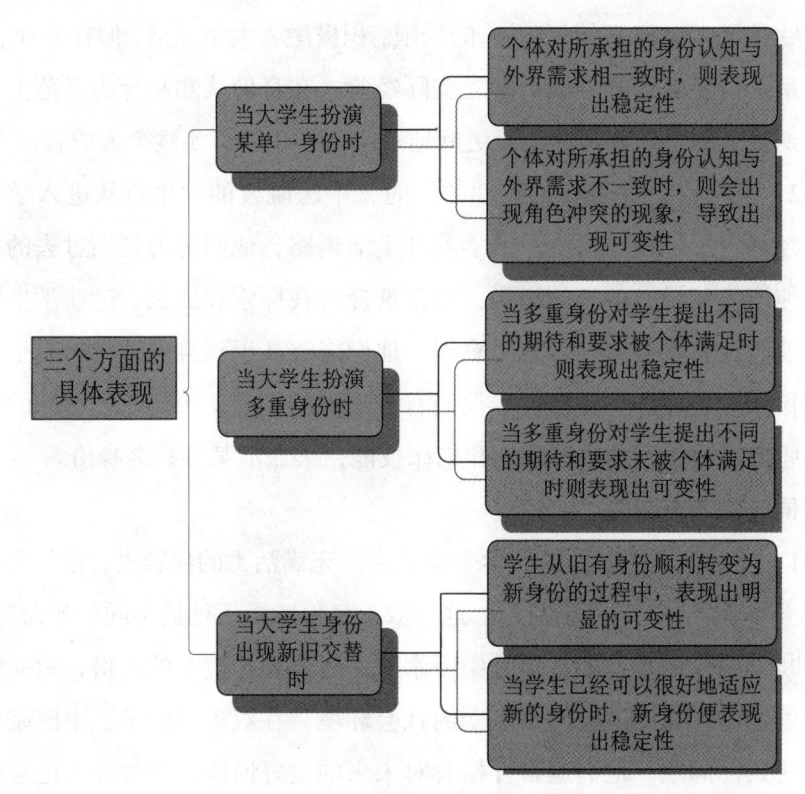

图 5-2　大学生身份的稳定性与可变性三个方面的具体表现

（二）身份德育的构成及内在逻辑联系

1. 身份德育的构成元素

（1）身份德育目标。身份德育是中医院校德育共同体建设探索实践的一种模式，身份德育目标注重的是身份适应，与高校德育目标相一致，并将其更为具体化，从学生的社会属性出发，旨在帮助学生更快、更有效地完成社会化过程。身份德育目标作为身份德育的重要组成部分具有很强的实践性特征，必须对身份德育目标进行更为深入的研究，将身份德育的实践性真正落实到实处，身份德育的育人成效才会真正体现出来。

（2）身份意识。身份意识可以理解为身份理念，是个体在错综复杂的社会关系中，对自我身份的全面认知与情感投射。它涵盖了对个体在社会中所处位置、所起作用、应遵守的规范、拥有的权利与义务、展现的形象及行为方式等多方面的理解和态度。这种意识不仅是个体自我认知的重要组成部分，也影响着个体在社会交往中的行为表现和选择，是理解个体与社会互动关系的关键所在。具体来说，身份意识就是大学生能够顺利地从中学过渡到大学，并最终融入社会的自觉意识。他们不仅对中学、大学和社会各阶段的特点和差异有着清晰的认识，而且更具备了一种自觉性，这种意识推动他们不断重新认识、评估自己，不断完善自我，并最终让自身顺利地成为一名合格的"社会人"。在这样的自觉意识中，学生必须强化五种认知能力，才能辨别自身身份的胜任度，以便更好地适应社会、服务社会。这五种认知能力如图 5-3 所示。

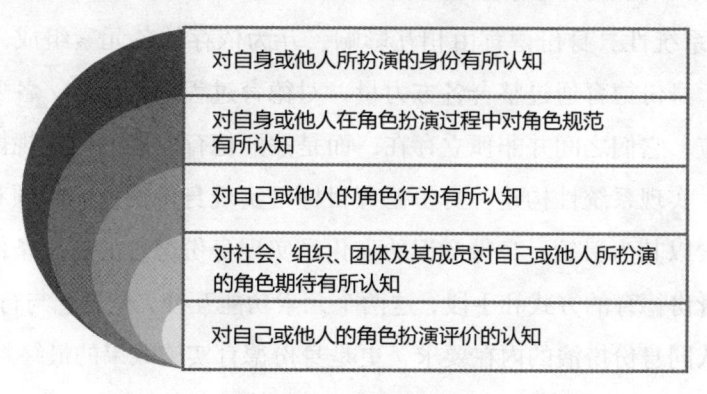

- 对自身或他人所扮演的身份有所认知
- 对自身或他人在角色扮演过程中对角色规范有所认知
- 对自己或他人的角色行为有所认知
- 对社会、组织、团体及其成员对自己或他人所扮演的角色期待有所认知
- 对自己或他人的角色扮演评价的认知

图 5-3　五种认知能力

（3）身份学习。组织身份学习是身份德育实践的重要方式和途径，在此过程中学生可以掌握新身份所需要的行为规范和知识技能，提高认知水平，促进个体社会化的实现。身份学习的过程体现在三个方面：一是这是一个从模仿到不断实践再到自主生成认知的过程，身份意识不断深化，身份辨别能力不断增强。二是这是学生个体从自发参与到自觉学习的过程。身份德育初期通过教育手段让学生自发参与学习，增强身份认知，随着教育的不断深入，学生会在参与的过程中发展为自觉学习。三是这是一个由整体到局部再到整体的过程，具有终身学习的特性。学生在对新身份进行认知时，首先是整体概况的了解，随着身份学习的深入，逐渐对细节进行把握，最后对此身份形成一个整体的系统认知。身份学习具有终身性，大学期间的身份学习只是个体整个生命过程中的一小部分，进入社会后才是身份学习的"重头戏"，只有养成终身学习的习惯，学生才能在步入社会后适应各种身份的变化。

（4）身份认同。达成身份认同是实现身份德育的最终目的和根本要求。身份德育中的身份认同其实是一个心理转变过程。个体在身份认同过程中，不仅理解并接受自身在特定身份中的关系、地位、作用、规范、权利、义务，还将其转化为内在的行为准则和形象塑造。这种认同不仅是对身份外在的认知，更是对身份内在情感的融入，也是意志的坚定和行动的体现。

2. 身份德育构成元素间的内在逻辑联系

身份德育目标、身份意识、身份学习和身份认同这四个元素之间相互影响、互为依存，其内在逻辑联系具有以下两个主要特性：

（1）系统性。身份德育由相互影响、互为依存的各元素组成，是一个系统性工程。身份德育通过整合各方力量，对德育过程进行优化，各要素之间发生系统效应，它们之间并非孤立存在，而是按照德育发展的内在规律紧密地联系在一起，实现系统性构建。身份德育目标是实现身份德育的纲领和基础，另外三个要素以其为引领；身份意识的强化是实现身份德育的先决条件，身份学习是践行身份德育的方式和手段，这两个元素功能互补，是思想与行动的结合，达成身份认同身份扮演的内在要求，更是身份德育实施效果的最终判别标准。

（2）实践性。四要素的实践性根植于社会生活的实践性。身份德育的最终目的就是促进学生道德实践能力的生成,帮助学生将社会道德规范、行为规范、社会期待等内容内化为自身的道德素养,这一过程体现了各元素间的实践性联系。

三、身份德育的现实进路

(一)第一课堂教学主渠道

中医院校德育共同体建设中应把身份德育引入第一课堂,用好课堂教学主阵地,引导大学生认识新身份,熟悉新要求。通过设置合理课程内容,将职业生涯规划、人际关系等社会化内容引入课堂教学,帮助学生了解新身份所需要的知识、技能等各项能力。身份德育课堂教学内容设计重点关注以下三个方面,具体见表5-1。

表5-1 身份德育课堂教学内容设计的三个重点

内容设计重点	具体阐释
课程内容要涵盖社会主义核心价值观、职业生涯规划与素养养成等内容	身份德育的核心功能就是帮助学生有效完成身份过渡,为将来的社会身份做好充足准备,满足社会期待与要求,而社会主义核心价值观等内容就是大学生身份社会化转变的"万能钥匙";对于中医院校教师而言,要在课堂教学内容和方式上下足功夫,多路径开展社会化相关课程
课程内容应分层分类设计,遵循大学生身份特征的差异性与可变性	大学生需求呈现个性化特征,中医院校应开设不同种类的社会化课程,如心理辅导、职业生涯规划与指导等课程,在学生不同的发展阶段,设计分层分类课程,帮助学生顺利完成身份的社会化转变
课程设计中要有评价反馈环节	身份德育实施的效果必须要有监督和反馈,教师应鼓励和引导学生定期结合课程内容进行自我监督。教师可以阶段性对学生内化课程内容指导自身实践进行评价,并根据反馈情况及时调整课程内容,旨在更加有效地帮助学生实现身份的转变

（二）打造学生行为、能力养成平台

1. 建立各类社会化培训平台

这类平台是现实中的平台，如口才展示平台、领导力训练平台及职业发展平台等。通过教师指导、朋辈间互相学习等方式，这类平台侧重于对学生日常行为能力的发展及人格的养成，在不同的身份体验和训练中，使学生具备不同身份所需要的知识与技能，学习正确的身份行为，为学生由校园走向社会筑牢坚实基础。

2. 设立身份辨别能力及身份调整能力平台

相对于各类社会化培训平台，身份辨别能力及身份调整能力平台属于虚拟平台，旨在培养学生在身份扮演过程中应对困难和挫折的能力，帮助其适应不同的身份调整。

（1）打造身份辨别能力平台，防止学生出现身份错位状态。身份错位是指学生的实际表现与社会、组织或他人的期待和要求之间存在差距。为了有效预防这一现象，学校应通过打造相应平台培养学生的身份辨别能力，引导学生深入了解自我，明确个人定位，并学习如何根据社会规范调整符合自己身份的行为，帮助学生准确识别自身身份，增强他们的自我认知和社会适应能力。

（2）打造身份调整能力平台，防止学生出现身份冲突状态。身份冲突常常发生在大学生扮演一个或多个不同角色，尤其是当这些身份之间存在矛盾时。为了避免这种状态的出现，学校应通过打造相应平台培养学生的身份调整能力，教会学生如何在不同的角色间灵活转换，理解并尊重每个角色的独特性和要求，帮助他们适应多重身份，提升他们的应变能力和人际交往技巧。

除了上面提到的身份错位与身份冲突状态，学生还可能面临身份不适应、身份紧张等其他状况。中医院校德育工作者在应对学生可能出现的身份问题时，需因时、因地制宜，做好身份指导和引领工作。教师应充分利用一对一谈话、心理咨询和辅导等多种方式，深入了解学生身份行为中的错位等问题，剖析其背后的原因。通过深入沟通和引导，帮助学生完成身份转换和调整，树立正确的身份意识，培养身份适应能力。以上述内容为例，中医院校德育共同体建设的身份德育中打造学生行为与能力养成平台的具体路径建设具体见附录三。

（三）身份扮演渠道的扩展

中医院校学生通过身份扮演的方式和活动，可以在实践中深刻体悟、细致感受和客观评价身份认知的形成。通过模拟真实情境，大学生能够预演并感受不同身份的职责与要求，这种体验不仅加深了他们对身份定位的理解，还激发了他们顺利转换身份的热情。中医院校应积极鼓励并引导大学生主动扮演不同身份，通过身份体验深刻感悟个体成长、社会进步与国家发展的紧密联系。这样的角色扮演不仅有助于大学生理解不同身份的价值，还能促进他们将个人理想与国家、社会的梦想相结合，形成更为宽广的视野和更深刻的使命感。中医院校应积极拓展身份扮演渠道，让学生有机会进行不同身份体验，既要重视传统方式的身份模拟，让学生在现实场景中亲身体验和锻炼，更要紧密结合信息时代的网络力量，利用在线互动等技术手段，为大学生创造更多元、更灵活的身份扮演平台。

1. 在进行传统方式的身份模拟时，教师应积极引导大学生参与丰富多样的社团活动，以此体验不同身份的特点和要求。这些社团活动不仅有助于大学生拓宽视野，还能在实践中深化对专业知识的理解。学校可以组织大学生参加"模拟诊室""模拟课堂""模拟商业谈判"或"模拟法庭"等活动。在这些活动中，他们可以模拟医生、患者、教师、商业人士或律师等身份，通过竞赛、交流和研讨等实践活动，更深入地了解不同身份领域的专业要求和挑战，从而加深对专业深度和广度的理解。

2. 在利用网络力量进行身份模拟时，教师应积极发挥网络技术的作用，创新教学方法。如实时转播国家或者学校的重要事件，并在网络上发起互动讨论，这不仅能增强学生的参与感和归属感，还能激发他们在网络上扮演正确身份的热情。这种互动式的教育方式能够让学生更加深入地了解社会现实，增强社会责任感。

教师还应有效运用"角色扮演"类的游戏，将其巧妙地融入日常的教育教学过程中。这些游戏不仅能够提供有趣的学习体验，还能让学生在游戏过程中模拟不同身份，了解身份的职责和行为规范，从而在潜移默化中树立起身份规范和认同。

（四）深入开展社会实践活动

社会实践活动是大学生了解国情、社情、民情的重要渠道，让学生能够亲身体验社会百态，深化对国家、社会和人民的认识，是他们锻炼能力、增长才干的重要平台。社会实践活动能帮助大学生了解社会、体验生活，有助于培养其社会责任感和社会角色意识，提高其社会适应和社会交往能力，加快大学生的社会化进程。[①]社会实践活动让大学生能够与社会直接接触，与各种身份的人群深入交往互动。在此过程中，他们不断认识、了解并内化自己的身份角色。长时间的身份扮演，使得身份行为与认同逐渐固化，为未来职业生涯中的身份扮演奠定了坚实基础。

深入开展社会实践活动要注意两个方面内容：一是社会实践活动的设计要注重教育性与实践性相结合，并充分考虑学生的个性化需求，设计多样化的实践活动。在活动设计时，教师及管理人员要善于利用分工、轮岗等手段，充分挖掘个体的团队协作能力及领导力等综合素养，规范个体行为，培养其对某一种或几种身份的认同。二是要灵活掌握社会实践活动环节的教育方法，善于利用社会实践活动的关键节点。教师通过树立活动中的榜样身份形象，不断强化大学生的责任意识；帮助大学生直接接触并学习社会广泛认可的法律知识、行业操守和规范，提高大学生专业理论联系实际的能力。

（五）营造身份文化氛围

以身份德育目标、身份意识、身份学习、身份认同这四项身份德育的构成元素为基点，以校园文化为方法、手段，营造潜移默化的身份文化氛围，促进身份德育的实施。

[①] 张婷婷，黄家福，李珊珊. 大数据时代背景下高校思想政治教育创新 [M]. 北京：北京燕山出版社，2022：159.

1. 建设身份德育目标环境维度

中医院校应建设积极健康的校园文化，营造身份德育目标环境。中医院校作为一个微型社会，承载着独特的文化风貌。通过树立杰出典型的身份形象，弘扬各行业的优秀人物，深入诠释优秀传统文化，汇集并交流各类知识，中医院校可将校园打造成为知识的殿堂和人才培育的摇篮，帮助学生获取专业知识，培养他们"勤学、修德、明辨、笃实"的品格，使他们成为具备高度社会责任感和道德修养的"准社会人"。

2. 强化身份意识维度

中医院校应致力于打造公正平等的校园制度，并深化身份意识教育。身份意识是身份德育的基本构成元素，也是人类社会的基本认知，无论个体处于何种环境或扮演何种角色，都会自觉拥有与之相应的身份认同。在校园内，公正平等的制度能为每个个体和部门提供明确的行动指南，确保他们按照既定的规则行使权利、履行义务，并遵循相应的规范。这种对校园制度的认同和执行，不仅有助于形成和谐有序的学习环境，更能促使个体在无形中加深对社会规范的认同，从而进一步强化其身份意识。

3. 加强身份学习维度

中医院校应积极构建充满活力和生机的校园生活，以强化学生的身份学习。学校中各类社团和组织为大学生提供了丰富的互动平台。在这些平台上，学生们通过相互的观察、模仿和实践，不断地进行着身份学习。他们向身边的优秀成员学习，努力向社会所期待的标准看齐，使自己的行为习惯更符合社会认同。这种自我提升和进步，加深了学生对自身身份的认识，使得自己自发的行为习惯符合社会的认同，促进了他们的社会化进程。

4. 提高身份认同维度

中医院校应着力打造校园精神，以此提升大学生的身份认同。一个健康、向上、高雅的校园文化，不仅凝聚了学校的精气神，更在大学生社会化的道路上起着潜移默化的作用。在这种文化熏陶下，能够逐渐培养学生高雅的情操和稳定的气质，这些特质正是社会伦理所崇尚的精神风貌。通过这些精神风貌的塑造，学生们能够更加自觉地认同某种或某类身份，进而加快身份认同的进程。

第二节　集体中的德育

长久以来，集体主义观念深深植根于人们的日常生活之中，占据着主流意识。这一观念的本质在于，作为社会生活中的"人"，始终与各种组织或团队紧密相连，无法脱离"集体"生活。对于大学生而言，集体更是无处不在，无论是班级、社团还是临时组织，都是他们成长和发展的重要平台。在集体中，大学生们不仅要学会如何正确地处理利益与义务的关系，形成良好的人际交往能力，还需要掌握如何在竞争中合作，共同追求目标。这些能力的培养和锻炼，都离不开集体的土壤。集体是有共同理想目标、愿意共同承担责任、共享荣辱的个体成员所组成的共同体，集体中的德育（简称集体德育，下同）是中医院校德育共同体的重要实现路径。通过内部各个团队的努力，学校将德育内容巧妙地融入学生的日常学习生活之中，从主体培育、情境营造、方法改进等多个方面入手，全方位地影响学生的道德行为。集体德育的实施有助于增强大学生的集体意识和团队观念，激发他们的主动性和创造性，使学生们能够更好地理解社会、融入社会，实现从校园人到社会人的顺利转变。他们终将成为具备高尚道德情操、拥有团队协作能力和社会责任感的合格社会公民，为社会的和谐与发展贡献自己的力量。

一、集体德育的理论视角

（一）马克思主义集体思想

集体思想来源于个体与集体的关系，两者的关系随着经济基础的变化而不断发生改变，由原来的"大我"甚至"无我"的群体化生活到社会主义市场经济体制下的"个人主体性增强，集体意识的组织基础发生变迁"[1]。社会主义道德中的集体主义思想是指导个人和集体活动的行为准则。马克思主义关于人

---

[1] 谢加书，李怡．集体主义的新阐释及其社会作用方式[J]．学术论坛，2009(1)：98–100．

的发展的三个阶段，即从"对人的依附"的人到"对物的依附"的人，最终成为摆脱了对人与物的依附的全面发展的自由人，①都与集体紧密地联系在一起。

人具有社会性，其本质是各种社会关系的总和。人作为个体性存在和社会性存在，必然要处理个体与集体的关系。当个人利益与集体利益发生冲突时，集体主义思想强调集体利益的优先性，这一原则并非如个人主义者和自由主义者所误解的那样，是对个人利益的全面否定或对个人自由的剥夺。集体主义思想被视为一种协调个体与集体利益关系的指导原则。它并非简单地抹杀个人利益，而是通过对个体行为的规范与引导，保障集体利益的实现，同时也在一定程度上保障了个体利益。集体主义思想通过设定适当的纪律和规则，旨在营造一个更有利于个体才能发挥的社会环境，进而促进个人价值在集体中的实现，确保个人的自由和利益在集体中得到妥善保护。

党的十八大以来，党中央始终不断加大思想道德建设力度；十九大报告明确提出要加强思想道德建设，要"深入实施公民道德建设工程，推进社会公德、职业道德、家庭美德、个人品德建设，激励人们向上向善、孝老爱亲、忠于祖国、忠于人民"②；党的二十大报告指出："提高全社会文明程度。实施公民道德建设工程，弘扬中华传统美德，加强家庭家教家风建设，加强和改进未成年人思想道德建设，推动明大德、守公德、严私德，提高人民道德水准和文明素养。"③在思想道德建设过程中要特别注意集体主义思想教育的加强，它是中国特色社会主义建设的制胜法宝之一。当前社会形势下，集体德育为集体主义注入了新的活力，成为一种高效的德育方式。集体德育依赖于集体主义思想，集体主义思想是集体德育的精神基础，为集体德育的实现提供了理论指导。在注重个性发展的同时，集体德育更强调团队成员的集体意识，使每个人都能为了共同的目标而自觉肩负起责任，并乐于为之奉献。

---

① 黄凯锋. 当代国民素质现状与发展报告 2020：系统观视野中个案研究与定量分析的多维度探讨[M]. 上海：上海社会科学院出版社，2021：260.
② 霍军亮. 农村基层党组织引领乡村振兴的理论与实践[M]. 武汉：武汉大学出版社，2021：48.
③ 大道相通马克思主义与中华优秀传统文化编写组. 大道相通：马克思主义与中华优秀传统文化[M]. 北京：中国青年出版社，2023：227.

（二）学习理论

学习理论是教育科学中最核心的理论，它是指导人类怎样学习的理论。[①]自人类诞生之初，学习便成为其生活中不可或缺的一部分。人类通过学习逐步揭开了自然的神秘面纱，掌握了改造世界的力量；学习也帮助人们理解社会的运行规则，使之能够更好地融入其中；学习还是自我完善的途径，它让人们不断超越自我，实现个人的成长与发展。集体是人类学习的最基本单位，是实现学习的重要载体。集体包括学习小组、班级、各类社团、学校等，学生在集体中开展学习，相互帮助。集体中的每位学习者都有自己特有的知识经验和发展背景，处理问题的方法和手段也各不相同，中医院校应积极鼓励教师与学生、学生与学生之间沟通交流与讨论合作。

时代的进步、学校的发展、个人的成长赋予学生学习以全新的内容与意义。学习也不再停留于知识的获得与掌握，更多的是一种能力的培养与素质的提升。在课堂上，我们创新教学方式，提高教学质量，完善学生知识体系；在课堂之外，开辟学习新阵地，搭建德育新平台，为学生提供直接的体验与参与机会，塑造完善的人格，培养综合能力，注重全面发展。

二、集体德育的解构与时代价值

（一）集体德育的解构

1. 集体德育的目标

目标是集体存在的基础，缺乏目标，集体便失去了存在的意义。一个明确的目标，如同指南针一样为集体成员指明前行的方向，促使成员们形成统一的行动步伐。目标能够激发成员的潜能，鼓励他们不断追求卓越，在挑战面前凝聚集体力量，增强组织的凝聚力。目标也是衡量集体成员行为的重要标尺，确保每个成员都能朝着共同的目标努力。目标设定必须合理，既能充分发挥集体

---

① 杨春生，胡维定，吴丽萍. 高等教育现代化的技术视点 [M]. 西安：陕西人民教育出版社，2007：11.

成员的才能与个性，又能调动起每位成员的积极性，以满足个人与集体共同发展的需要。这样的目标，才能使集体在前进的道路上更加稳健、有力。

集体德育的目标与中医院校的教育理念具有一致性，两者均聚焦于培养全面发展的高素质人才。中医院校在传授医学知识、注重学生专业技能训练的同时，更肩负着塑造学生健全道德信仰和价值观的重任，强调对学生社会化认同和适应能力的培养。校园中的各类集体作为学生社会化和价值学习的平台，其作用不容忽视。在当前集体力量不断增强的背景下，中医院校应当充分利用这一优势，将集体德育与集体建构紧密结合。通过潜移默化的方式，使学生在团队活动中不仅提升专业技能，更在思想、情感和行为上得到全面升华。通过个体与集体的良性互动，实现道德水平的共同提升。中医院校应当积极引导，让学生在集体中锤炼品格，塑造精神，为社会培养更多具备高尚医德和精湛医术的医学人才。

2. 集体德育的主体

传统教育往往以知识为核心，道德教育也仅通过学生掌握的知识量来衡量。在这种理念下，教师扮演着德育主体的角色，主要任务是尽可能多地传授知识，解答学生在知识学习过程中的疑惑。学生则被期望接受并掌握更多的知识反馈学习成果。但随着时代的进步和社会的发展，传统教育和德育均被赋予了新的内涵。德育不再仅仅是知识的灌输，而是更加注重学生能力的培养和素质的提升，需要更多地关注学生个体的成长与发展，帮助他们形成健全的道德观念和人格品质。

在新时代背景下，集体德育的主体已经转变为学生。学生已经从被动接受者变成主动建构者，教师则从知识的灌输者变成德育实施过程中的组织者和指导者。德育的内容已不仅仅局限在课本上，而是更趋向于学生的亲身体验和参与。学校的功能变成了提供优秀资源和平台，营造适合的德育氛围；课堂也不再是开展德育工作的唯一场所，校园、宿舍乃至校外都成为了德育的平台。集体德育的主体是学生，但要实现集体德育的目标，仅靠学生的努力是远远不够的。这需要社会、学校、教师等多方力量共同努力，充分利用现有资源，发掘潜在资源，营造共同建构集体德育的良好氛围。

3. 集体德育的实现方法

在中医院校中，集体德育已随处可见。如课堂场景中的情景教学法，生活场景中的集体咨询，等等。这些方法看似形式多样，其实都是基于一个共同的认识：思想道德的提升源于社会交往中的互动、协商和共同意识，在此过程中，人们能够增强道德认知，培养深厚的道德情感，并形成良好的道德行为。无论哪种方法，其本质都可归结为活动与社会交往两种形式。

（1）活动。活动是指由共同目的联合起来并完成一定社会职能的动作的总和。活动由目的、动机和动作构成，具有完整的结构系统。在人类的发展历程中，活动的基本形式可归纳为游戏、学习和劳动。这三种活动形式在不同的人生阶段扮演着不同的角色，且某一阶段内由其中一种占据主导地位。对于处于学龄期的中医院校学生而言，学习活动是其主导活动，辅之以其他形式的活动。集体德育作为中医院校德育的重要组成部分，致力于实现德育目标，并充分考虑集体中学生的独特性和需求，通过精心设计的学习活动，鼓励学生积极参与，旨在将活动体验内化为学生的道德认知和行为，进一步促进学生的全面发展。社会实践活动、社团组织活动、校园文化活动等都是中医院校实现集体德育的重要活动载体。对于社会实践活动来说，它是学校进行德育教育的第二课堂，为大学生提供了直接接触社会的机会。学生们通过参与社会实践活动，能够更深入地了解社会的运作方式，认识到社会对个人的期望与要求，进而更好地内化社会道德规范，强化自身的道德情感和道德能力，积累丰富的道德经验，并逐步养成良好的道德行为习惯。对于社团组织活动来说，学生的思想道德素质、日常行为问题等都能在学生组织的社团活动中显现。这类活动不仅能够展示学生的个性和才华，还能在互动中锻炼学生的组织协调能力和团队协作精神，对提升大学生的思想、政治、道德素质具有直接而持久的影响。对于校园文化活动来说，它以其独特的魅力，贯穿于大学生活的始终。从物质到精神，从制度到行为，校园文化都在潜移默化地影响着每一位学生的品德、思想、情感和行为。它是学校特色的体现，也是实现集体德育不可或缺的重要方式。

（2）社会交往。在集体德育的实现方法中，社会交往扮演着至关重要的角色。个体的道德素养并非孤立形成，而是在特定的社会文化背景下，通过社会交往过程，结合已有的道德认知进行积极建构的结果。在集体德育的实践中，社会交往的形式丰富多样，既有个体与个体之间的交往，也有个体与集体、集体与集体之间的交往。这些交往过程涵盖了交往主体、交往能力、交往需求和交往情感等多个方面，形成了一个有机的整体。通过协商、合作和互动等形式，集体中的社会交往为个体提供了道德学习和道德实践的重要平台，有助于个体道德素养的全面提升。中医院校德育的目标某种程度上说是促进大学生的社会化进程，帮助他们理解并内化社会观念和社会规范，并自觉承担起遵循这些规范的责任。学校德育还致力于使学生认识到这种社会化的正确性和价值，从而激发他们内在的道德动力。人是社会性动物，无法脱离集体和社会而独立存在。在集体中，个体不仅受到纪律规范的约束，还受到集体情感的影响，这些影响逐渐内化为每个成员对道德的独特理解。通过集体德育，学生能够按照社会交往的要求行动，并在这个过程中认识到自己行动的意义和价值，进而以道德实践为乐。

（二）集体德育的时代价值

1. 有利于德育理念的丰富与完善

我国高校人才培养的核心在于坚持"立德树人"的根本任务。这不仅是彰显中国特色社会主义高校性质的关键，更是引领中国高等教育发展方向的指南针。通过落实"立德树人"的根本任务，高校旨在培养具备高尚品德、创新精神和实践能力的优秀人才，为国家的繁荣富强和民族的伟大复兴提供坚实的人才支撑。这一理念体现了我国高等教育的根本宗旨，也是实现人才培养目标的必由之路。

中医院校的德育工作除了教授道德知识外，更侧重于塑造学生健全的人格、培养健康的情感和激励积极的行为，但后者在课堂上往往难以全面实现，此时集体的优势便凸显出来。集体以其共同的目标、共享的利益、自主的管理模式、扁平化的结构以及内外开放的特性，为学生提供了一个课堂之外的德育平台。在这里，学生可以在实践中学习、体验、感悟，从而更好地培养健全的人格、健康的情感和积极的行为。相较于课堂，集体不仅是德育空间的拓展，也是价值取向的变革，更是德育理念的丰富与完善。集体德育强调为学生构建一个优质的德育环境，提供一个综合发展的平台，关注学生的道德、情感、社会及职业能力的全面发展。集体德育坚守整体发展的价值导向，这与高等教育"立德树人"的宗旨不谋而合，致力于培养学生的集体主义精神，并提升他们的社会化能力。

2. 有利于满足学生全面发展的需要

长期以来，我国高等教育遵循马克思主义关于人的全面发展的理论，确立了高等教育的使命是通过教育促进学生的全面发展，为国家培养德智体美劳全面发展的人才。在促进学生全面发展的基础上，更要关注学生的个性化发展需求。当今大学生主体都是00后，随着时代的发展，他们在性格和思维方式等方面与以前的学生具有明显不同。他们充满了活力与朝气，热衷于追求个性和自由。面对新事物，他们总能迅速适应并展现出强大的创新精神和探索能力。但由于年龄和经验的原因，他们的抗压能力相对较弱，容易受到外界因素的干扰和影响。这些新的特点让学生更倾向于在集体中寻找归属感和自我价值，与同伴们共同成长和进步。在集体中，他们不仅受到他人的影响，同时也在用自己的思想和行为影响着整个集体。

大学生的成长过程，伴随着对独立与自由的强烈渴望。他们希望在思想、人格和行为上实现自主，追求在一个全新的环境中展现自我，这是他们从生理成熟迈向心理成熟的重要阶段。集体的自主性恰好与这种需求相契合，为他们提供了展现自我的舞台。大学生还具有追求平等、渴望合作的要求，集体的合作性满足了他们的这一需求，成员们拥有共同的身份特征，以共同的目标为导向，注重个性与才能的发挥。他们通过协作、对话和沟通，形成解决问题的合力，共同追求集体的成功。

3. 有利于学生团体的发展

中医院校中存在着传统的以班级、学生会等为代表的正式组织和不断涌现的如文学社、篮球社等非正式组织，共同构成了学生生活的重要组成部分。集体德育需要充分利用这两种组织形式各自的优势，根据学生的实际需求、教育目标以及集体的内在要求，对现有学生组织进行精心优化和重构。在集体德育的实践中，学生团体成为了一个独特的组织环境，其中包含了共同的目标、具体的活动和丰富的体验。学生在这样的环境中，不仅能够亲身体验到合作、创新、学习等抽象价值概念的实际意义，还能在个人成长和集体发展的历程中，深刻认同教育的价值理念。这种体验过程促使学生不断调整自己的价值观念，以更好地适应个人和集体的发展需要。

集体德育不仅提升了学生的"社会化"程度，还促进了学生团体的和谐与进步。在共同目标的驱动下，学生们学会了如何与他人协作、如何面对挑战、如何创新思考。这些宝贵的经验和技能不仅对他们的未来职业生涯大有裨益，更使他们在集体中找到了归属感和成就感，从而更加珍惜和维护这个共同的家园。

三、集体德育的现实进路

（一）培育主体

1. 主体意识的培养

集体德育的一项重要任务就是满足学生需求，激发其对德育的兴趣，帮助学生在团队中确立自己的主体地位，将外界对他们的期望和要求转化为个人内在的发展动力。集体德育鼓励学生主动学习，积极参与团队的各项活动，让他们在实践中发挥主体作用，从而实现自我成长和意义建构。要实现这一目标，我们必须重视外部环境对学生主体意识的影响。一个开放、轻松的德育环境可以让学生更加自由地表达自我，发挥潜力。良好的师生关系和合作、互信的同伴关系，也是培养学生主体意识的重要因素。在集体德育实践中，学校应采取多样、灵活的德育形式，以满足不同学生的需求。通过各类活动和社会交往，让学生在实践中学习和成长，培养他们的团队协作能力和社会责任感。

在集体德育实施过程中，教师可以用班集体建设等方式来培育学生的主体意识。教师可以通过细心观察，了解班级同学近期关注的校内外热点话题或亟待解决的问题。为此，教师可以利用主题班会这一形式，有针对性地设定讨论主题，并预先选定发言的同学，确保每位学生都有机会发表自己的观点。在主题班会上，教师应积极引导讨论的方向，确保话题深入而有序，并鼓励每位同学积极参与，畅所欲言，让每个人都能感受到自己是班级不可或缺的一员。在班会结束后，教师应引导学生自主总结讨论成果，得出结论，并鼓励他们分享活动的心得体会。这样的过程不仅能够加深学生对问题的理解，还能增强他们的集体荣誉感和归属感，有效提升学生在集体中的主体意识。

2. 主体动力的提升

为了有效提升集体德育主体动力，首要任务是弄清动力的来源。只有深入剖析并理解这些动力的来源，我们才能有针对性地采取措施，激发和维持集体成员参与德育活动的积极性。集体德育主体动力的来源具体如图 5-4 所示。

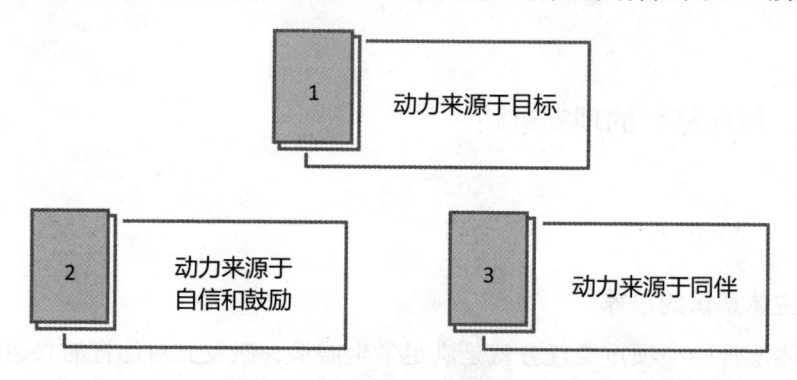

图 5-4 集体德育主体动力的来源

（1）当个人目标与团队目标一致时，个人的行动愿望将显著提升。学生常对德育话题保持距离，往往是因为他们感觉德育内容与自身实际相距甚远，或德育目标被抽象化而难以理解。在集体德育实践中，德育目标设定应该具体、可行，使学生感受到德育与自身成长的紧密关联，从而激发他们的主观能动性。

（2）在集体德育实践中，及时给予学生反馈，对他们的成绩给予恰当肯定，建立学生的自信心，提高学生的成就感、集体认同感和归属感，能够极大地激发学生作为德育主体的动力。为了保持动力稳定性和可持续性，德育工作者应确保每一位学生都能从参与的活动中有所收获，不断获得肯定和反馈，获得对自我道德养成的信心；细心观察每位学生的表现，适时地给予正面评价和反馈。活动结束后，我们还应进行总结回顾，指出每个学生的优点和需要改进的地方，帮助他们认识到自己的成长和进步，让他们在情感上对团队产生强烈的认同感，形成主体动力。

（3）同伴在一个人成才过程中的影响甚至可能超过父母和老师。健康的同伴关系能满足学生的社交需求，丰富他们的生活经验，帮助他们明确人生方向，并学会承担责任。在集体德育实践中，构建良好的同伴关系能够鼓励学生间的合作与互动，让他们自由交流、发挥特长，并在过程中学会体谅与信任。

3. 主体潜能的激发

要实现集体德育目标，除了成员要有主体意识，对集体有认同感和归属感之外，成员自身的能力也至关重要。每个成员都应该学会挖掘自己的潜能，找到自己的优势。但更重要的是要在集体内部营造一种开放的学习氛围，鼓励成员们尝试不同的事物，提供多样化的选择机会，让每个人都能在其中找到适合自己的位置，发挥最大的价值。教师要避免用传统的、固定的思维方式，这不仅限制了学生的思想和创造力，也减少了集体中更多的可能性。在社会实践集体中，我们不仅要按照预定的计划分工实施，还应尝试新方法，从中发现每个人的特长和兴趣点，最大程度上实现每个人的自我价值和对集体的贡献。

在大学校园中，学生可以根据自己的兴趣和能力选择加入不同种类的集体，也可以在集体中扮演不同的角色，与志同道合的人相遇，与不同的团队交流。这种对团队的选择过程，正是学生自我潜能激发的契机。他们在尝试中发现自己潜在的能力，并更加明确自己的兴趣和优势。集体德育的理念与此紧密相连，我们尊重并鼓励多样化的集体形式和德育方法，旨在培养学生的开放视野和广阔眼界，助力他们全面发展。

（二）营造氛围情景

在集体德育中，营造丰富的情境旨在带给学生积极的道德情感体验，引导他们调动并整合原有的道德认知，实现新的认知构建。这种情境不仅能陶冶学生情感，营造轻松愉快的氛围，还能提供形象的感知，启迪学生思考，锻炼其创造性思维。在集体德育实践中，对于氛围情景的营造，通常会采用直接带入或创设具体的生动场景的形式，帮助结合已有认知进行自我教育，实现德育的内化。

1. 现场情景带入

现场情景带入就是把学生带入现实生活场景，让学生走进真实的场景，观察并感受那些典型的生活片段。虽然由于种种限制，如人员安排、时间紧迫和场地有限等，现场情景带入的应用范围尚不广泛，但目前高校教师仍在德育实践教学环节积极应用此种方法。教师会精心选择某一场景，带领学生们进行实地教学，围绕场景中的人物、事物、景色等细节，进行生动讲述，引导学生们深入观察、思考这种教学方式，使学生们能够更直接、更深刻地体验生活，从而在互动中激发他们探究的乐趣和思考的动力。学生们不再是被动的接受者，而是变成了主动的探索者，将学习变为自我需求的一部分。

现场情境的选择并非随机，而是需要经过深思熟虑，做好了充分的事前准备工作。为了确保现场情境与德育目标、内容紧密相连，教师必须精心设计，使两者达到完美的融合，并对学生进行现场指导，以实现德育的最佳效果。情境展现尤其适用于集体德育建构的初期阶段。它以轻松直观的方式，为学生们提供了一个亲身体验和感悟的机会。当学生们置身于这些精心设计的情境中时，他们的求知欲和好奇心被自然激发，进而形成一种积极探究的心理状态，不断提高自身的道德素养，以强化德育效果。以上述内容为例，中医院校德育共同体建设的集体德育具体路径建设中现场情景带入具体路径见附录四。

2. 情景还原

情景还原是指教师用图片、视频、音乐等工具，为学生重现特定场景。通过视觉和听觉的双重刺激，激发学生的联想与想象，使他们在自我体验和感悟中深入学习。情景还原因其受客观条件限制较小，且易于实施，成为现实教学中的常用手段。它为学生提供了广阔的想象和发挥空间，使学生在感官的刺激下，获得深刻的情感触发和智慧启迪。教师在选择情景还原方法时应投入更多的时间和精力，对情境进行优化设计，并合理运用各种工具，以实现资源的最大化利用，确保所选手段与集体德育目标相一致，同时与当代大学生的特点相契合，真正调动起学生的积极性，激发他们主动参与的意愿，使情景还原的教学方法发挥最大效用。

3. 情景演绎

在集体德育实践中，模拟真实场景是一种新颖且有效的方式，可以为每位学生分配不同的角色，增强学生间的互动与交流，使他们有机会处理团队中可能出现的各种挑战。通过这一过程，教师能够观察到学生在心理素质、情感表达以及行为能力等方面的潜在能力，从而有针对性地帮助学生提升自我。

对于教师而言，角色扮演成为了德育课堂上一种生动的教学工具。教师会提供一个具体的案例，让学生们扮演其中的不同角色。随着剧情的发展，学生们将所学的知识融入到对话和行动中，逐渐沉浸于案例的情境中。这种学习方式不仅使学生能够将理论知识付诸实践，更在角色扮演中激发了他们的学习兴趣，增强了他们的直观体验。对于学生而言，他们通过角色扮演能够在学习过程中获取知识，学会如何生活、如何与人交往。他们能够在模拟的情境中深化内心体验，提升对世界的认识。情景演绎的特点与要求具体如图 5-5 所示。

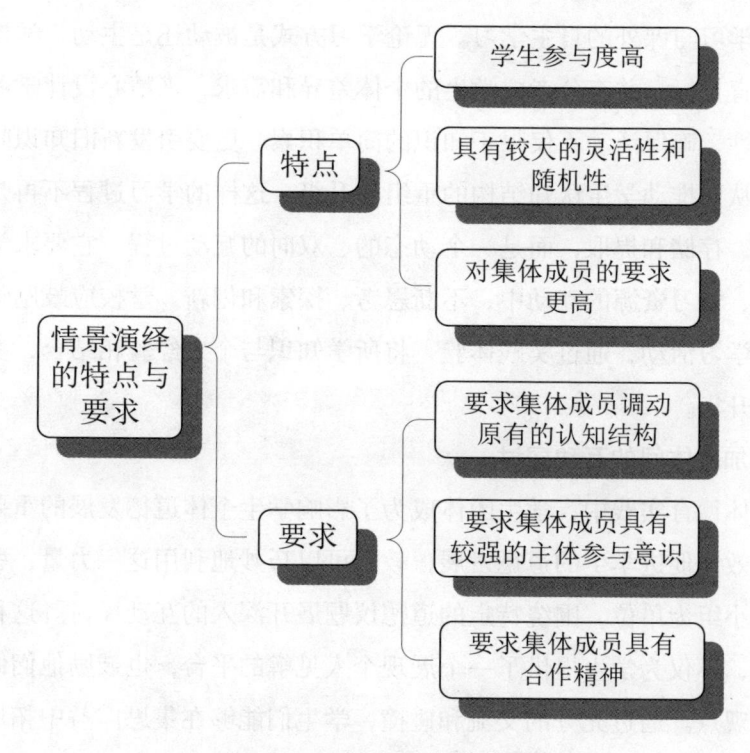

图 5-5 情景演绎的特点与要求

(三)改进集体德育方法

1. 学生学习活动的灵活设计

集体德育需要通过学生参与共同活动来实现。在这些活动中，学生不再是孤立的个体，而是与周围的人、事、环境紧密相连，彼此间产生深刻的互动。每一次活动都是学生成长的契机。通过外在的行动与内在的思考，学生们逐渐建立起自己的道德认知体系，加强了对外部世界的理解和对内心世界的探索。在这个过程中，学生不再是被动的接受者，而是主动的探索者。他们通过参与各种共同活动，将活动的结果内化为自己的知识和策略。学生的心理和意识在活动中得到了全面的发展和提升。他们变得更加成熟、更加有责任感，也更加懂得如何与他人和谐相处。

在中医院校的日常生活中，学生的主要活动围绕着学习展开，涵盖了课堂上的正式学习与课外的自主学习。无论学习方式是被动还是主动，学校都需紧密结合德育目标，并充分考虑学生的个体差异和需求，来精心设计学习活动，注重灵活性，确保活动不仅限于知识的简单积累，更要引发新旧知识间的碰撞与冲突，从而推动学生认知结构的重组与升级。这样的学习过程不再是单向的信息输入、存储和提取，而是一个动态的、双向的互动过程。它要求学生在与学习环境、学习资源的互动中，不断思考、探索和创新。学校应鼓励学生积极参与这些学习活动，通过实践体验，将所学知识与个人经验相结合，实现知识的内化与升华。

2. 增加主体间的互动探讨

在集体德育实践中，学生团体成为了影响学生个体道德发展的重要因素。为了更有效地促进学生的道德发展，教师可以巧妙地利用这一力量，引导学生以班级或小组为单位，围绕特定的道德议题展开深入的互动探讨。这种互动探讨的模式，不仅为学生提供了一个展现个人见解的平台，也鼓励他们倾听和尊重他人的观点。通过充分的交流和碰撞，学生们能够在集思广益中拓展视野，丰富道德认知。每一次的探讨，都是对原有道德观念的一次洗礼，也是新道德认知的萌芽和成长。这种方法可以灵活应用于各种学生组织的建设和发展，如班级、社团、支部等。在这些团队中，学生可以自主制定规章制度、选举班委会、策划活动方式等，真正实现了自我管理、自我服务、自我教育的目标。这样的运作方式不仅提高了学生的参与度，还培养了他们的团队协作能力和民主精神。这种互动探讨还可以应用于对时事热点、校园管理、班级活动等方面的讨论。在这些互动探讨中，学生可以结合自身的经历和感受，深入思考并表达自己的观点。这样的讨论不仅能够引导学生关注社会、关心集体，还能帮助他们形成正确的道德观念和价值取向，促进个人道德品质的全面提升。

第三节 实践中的德育

实践是认识的来源和认识发展的动力，也是检验认识正确与否的唯一标准。[1]实践不仅是中医院校德育的有效手段，更在道德知识的内化与外化之间起到了桥梁作用。社会实践为大学生们打开了一扇了解社会、感知国情的窗口，让他们不仅能增长见识、锻炼才干，更能通过实际行动为社会做出贡献，锻炼自己的意志，塑造高尚的品格。社会实践让他们更深刻地认识到自己的社会责任，增强了他们的社会责任感。中医院校德育共同体是一个注重实践、强调主体交互的集体。它鼓励师生共同参与社会实践，通过交互协同的方式，将德育融入日常学习和生活中。实践中的德育（简称实践德育，下同）不仅要求学生们积极参与，更要求学校对实践的目标、内容、过程和评价进行系统整合和整体设计，确保德育的实效性和持续性。

一、实践德育理论视角的实施依据

（一）实践德育的规律性

马克思认为："人的思维是否具有客观的真理性，这不是一个理论的问题，

---

[1] 彭青和.走近挑战杯——全国"挑战杯"大学生课外学术科技作品竞赛哲学社会科学类参赛指南[M].北京：北京航空航天大学出版社，2021：318.

而是一个实践的问题。人应该在实践中证明自己思维的真理性。"[①] 实践德育不仅符合认识世界的规律，更深深契合德育规律。实践是德育知识内化于心与外化于形的核心驱动力，它对于道德情感的孕育和道德判断的形成具有不可替代的作用。德育知识的真正价值是能够被个体内化为精神信仰，进而外化为行为准则。而这一转化过程，必须依赖于实践环节。在实践中，个体通过与环境的互动，不断检验和修正自身的道德认知，使之内化成为稳定的道德观念；实践也为道德情感的培养提供了丰富的土壤，使个体在真实的情境中体验道德的力量，形成坚定的道德情感。

实践还是促进个体社会交往的重要媒介。在实践中，个体与他人发生联系、交流思想、检视行为，通过不断的互动与碰撞，深化对道德的认知和理解。实践在德育中还能起到激励学生的作用。实践的过程不仅是检验个体道德认知的过程，更是探索未知、挑战自我的过程。个体能够不断肯定自我，产生新的认识和需求，从而激发其不断完善道德自我的内在动力。

（二）实践德育的现实需求

随着时代的发展和大学生群体特征的变化，实践德育的现实需求越来越强烈。尤其是随着网络的飞速发展，个别价值错位、善行恶报等事件出现在公众视野，这些事件在网络的放大效应下，对大学生群体的道德认知形成了强烈的冲击，甚至引发了他们对学校德育的质疑。这需要重新审视并强化实践德育的作用，引导大学生道德认知回归应有状态。

当前大学办学环境日益开放，信息技术的飞速发展已极大地改变了知识的传播方式和理论学习的途径。传统的以知识教育为主导的德育模式，对大学生而言，其吸引力正逐渐减弱，而实践性的、参与性和体验性的德育方式变得愈发受欢迎。高校办学国际化程度的提高使得大学生面临更为复杂多元的文化和价值观念冲击；社会力量对大学生的影响日益显著，越来越多的学生选择参与社会兼职，自发组织或加入虚拟组织，这些活动不仅丰富了学生的生活体验，

[①] 马克思，恩格斯. 马克思恩格斯选集：第1卷[M]. 北京：人民出版社，1995：55.

也对学生的道德观念和行为习惯产生了深远的影响。这要求高校在德育工作中更加注重实践教育，通过设计更多元、更贴近学生生活的实践活动，让学生在实践中体验、学习和成长，从而真正实现德育目的。

（三）实践德育是德育共同体建设的有效路径

马克思认为："全部社会生活在本质上是实践的。凡是把理论引向神秘主义的神秘东西，都能在人的实践中以及对这个实践的理解中得到合理的解决。"[①]德育在本质上是实践的，德育中所涉及的知识、思想、情感等要素均来源于实践，并通过实践得以验证与深化。在中医院校德育共同体建设中，实践不仅是获取道德知识的途径，更是转化认知、检验理论、指导行为的桥梁。它贯穿于德育的全过程，赋予德育鲜活的生命力。实践德育强调学生的主体性，鼓励他们在道德需求的驱动下，自主参与，以自我道德意识为指引，积极与道德环境互动，实现个人与社会的共同进步。这种德育模式，旨在通过实践这一核心要素，将德育目标指向实践能力的提升，将教育资源聚焦于实践经验的积累，将教育方法创新为实践参与的形式，最终以实践行为的成效作为评价德育效果的标尺。实践德育不仅是一种教育理念，更是一种行动指南，是德育共同体建设的有效路径。它倡导从德育的施加、内化、转化到建构的每一个环节，都紧密围绕实践展开，确保德育的实效性与针对性。通过实践德育的路径，中医院校能够更有效地培养学生的道德素质与实践能力，为他们的全面发展和社会进步奠定坚实的基础。

二、实践德育的解构

（一）理论学习类的课外实践形式

德育的深化与实践，尤其是理论学习与实践的有机结合，是提升大学生综合素养的关键路径。在知识日新月异的当下，理论学习虽以课堂讲授为主，但

[①] 马克思，恩格斯. 马克思恩格斯全集：第 3 卷 [M]. 北京：人民出版社，1960: 211.

其实效性的增强离不开课外实践的支撑。通过社会调查、案例分析、实地参观及知识竞赛等多元实践形式,大学生能够超越书本,亲身体验,从而更深刻地理解并内化抽象的理论知识。

以思政教学为例,单纯的课堂讲授虽能传授政治理论与思想道德知识,但缺少实践入心的过程。组织学生走进爱国主义教育基地,开展现场教学,让历史遗迹与生动讲解共同作用于学生感官,不仅能显著提升他们的学习兴趣与参与度,还能在潜移默化中增强爱国主义情感与责任感,使理论学习不再枯燥,而是充满情感共鸣与深刻感悟。这种实践形式不仅丰富了教学手段,更促进了学生全面而深入的发展。

(二)经历体悟类实践形式

古人云:"读万卷书不如行万里路,行万里路不如阅人无数。"[①] 在实践德育中,经历体悟类实践形式深刻诠释了"知行合一"的教育理念。经历体悟类实践形式,如走访杰出人物、深入参观学习、开展社会调查及生活亲历等,是深化教育的有效途径。这类实践不仅适用于理想信念、国情地情及历史文化等教育,更能在具体情境中激发学生的真挚情感与深刻理解。与历史遗迹的直接对话,与杰出人物的面对面交流,让大学生在现场的震撼与感动中,深刻理解国家命运、文化传承与个人责任。在与具体人或物的直接互动中,大学生深受现场氛围感染,产生的情感往往真挚且丰富。与他人在现实生活中的交往,让他们深刻体验"推己及人、爱人如己"的内涵。这不仅丰富了学生的情感体验,还促进了他们对他人的理解与共情。经历体悟类实践形式多样,以走走看看为主,组织简便,充满新鲜感,深受师生喜爱,下面列举一些典型的例子,具体参见表5-2。

---

① 王仁伟,龚云平. 大学生心理健康教育 [M]. 天津:南开大学出版社,2016:62.

表 5-2　经历体悟类实践形式具体阐述

实践形式	意义阐释
组织红色文化游学活动，积极鼓励同学们寻访先烈故居，采访革命英雄，搜集红色故事，让学生面对面与革命英雄进行交流，在与革命英雄人物的对话中重温那段可歌可泣的历史	在"共情"中与"他人"实现深层的交流与共鸣，使"他人"所传授的知识与宝贵经验得以融入个人的深刻体悟之中，实现知识与情感的双重传承与内化
开展"交通秩序我维护"主题实践活动，让学生实地考察了解学校或家庭周边交通拥堵的原因，然后在容易出现交通拥堵的路口协助交警进行交通管理，劝阻不文明过马路的行人，提示行人注意交通安全	有助于学生严格遵守交通法规，自觉维护交通秩序，养成安全文明出行的良好习惯，进一步提升文明素质
有条件的大学生可以走出国门，亲身到国外体验一下，甚至学习、生活一段时间，实际了解国外的经济水平、社会制度、道德水平及风土人情等	有助于发现各自的优势和不足，有助于感受到国家富强、民族复兴的重要意义，增强对爱国主义的认同感，提高自身历史使命感
组织学生深入县区、乡村去考察，亲身体验实际情况；或组织学生到环境污染严重的地区去实地调研	深刻体会"绿水青山就是金山银山"，体会到保护环境、开展生态文明建设的迫切性

（三）社会公益类实践形式

社会公益类实践活动能够培养大学生社会责任意识和奉献精神，通过积极参与社会服务，大学生得以将所学知识技能转化为实际行动，直接助力他人与社会组织发展，在社会公益类实践活动中深刻感受到自身的社会责任和社会价值，增强自我认同，从而树立自身良好的道德品质。

大学生群体始终展现出强烈的自我实现与社会服务意愿，公益服务实践成为连接理论与实践、个人与社会的重要桥梁。在中医药院校，公益服务的形态丰富多样，涵盖大型赛事与活动的志愿服务、支医支教、社区文化服务、医疗知识普及及关爱离退休职工等，每一项活动都是大学生践行社会责任、传播正能量的生动实践。此类实践不仅锤炼了大学生的道德品质，更以实际行动回应社会需求，创造社会价值，同时促进了大学生与社会的深度互动，拓宽了他们的社会视野，增强了社会影响力。在服务中，大学生能够深化对相关知识的理解，实现理论与实践的有机结合，是一种集教育性、社会性、价值性于一体的实践模式，对于培养全面发展的中医药人才具有深远意义。

（四）创新探索类实践形式

在实践德育中，创新探索类实践形式如同一股清流，激发了大学生对"未知"世界的好奇心与探索欲，鼓励他们以研究性、创新性的姿态，深入自己感兴趣的领域，通过实践活动发掘新知。在中医院校中，科研训练、学科竞赛、课外学术科技活动、创新创业项目乃至模拟演练等，均是这一实践形式的生动体现。

学校德育工作者需精心策划，将德育精髓融入此类实践活动之中，使其不仅成为知识探索与技能锤炼的平台，更是道德品质与人文素养提升的熔炉。创新探索活动激发了大学生的创造力与求知欲，促使他们主动学习，勇于探索，不断提升自我认知与实践能力。这类活动以其独特的魅力，吸引着充满好奇心与挑战精神的大学生积极参与。创新探索实践活动因其明确的主题、持久的周期以及深入的师生参与，往往能够汇聚多方资源，产出高质量的实践成果，对于培养中医领域的创新型人才，推动学科发展，扩展德育成效具有不可估量的价值。

（五）个人成长类实践形式

在探讨中医院校实践德育的解构时，个人成长类实践形式作为一个重要维度，展现了学生自我驱动、自主发展的鲜明特征。此类实践，如勤工助学、挂职锻炼、社会兼职及社团组织活动等，均源自学生内在成长需求，非直接由学校官方组织，其运作多依赖于学生自发行为及外部社会资源的支撑。在这一模式下，学生的主体性得到了充分彰显，但在自主探索的过程中，亦伴随有潜在风险，如学业与勤工助学间的平衡问题、兼职市场的复杂性导致的安全隐患，以及社会组织质量参差不齐等问题。鉴于此，学校应高度重视学生自发成长的内在动力，既要肯定其积极性，又需加强教育引导与规范管理。学校各德育部门需积极行动，主动对接社会资源，构建多方联动的支持体系，确保学生能在安全、有序的环境中实践成长。学校还应建立健全管理机制，将个人成长类实践有效整合至学校实践育人框架内,通过规范流程、强化监督、提供指导等措施,促进学生全面发展与健康成长。在此基础上,学校应加强对学生风险意识的培养,提升其自我保护能力,确保个人成长类实践活动的良性运行与育人成效。

三、实践德育的现实进路

(一)实践德育体系的构建

1. 强化德育目标的实践性

实践德育的核心目的在于引导大学生将道德理论转化为实际行动,提高学生的道德实践能力。当前,高校德育面临目标模糊、形式化严重、缺乏个性关怀等问题,导致德育实践出现功利化、空洞化和无序化的现象。德育目标必须根植于实践土壤,遵循学生品德养成的自然规律,尊重并发展每位学生的个性特质。中医院校应积极构建层次分明的德育目标体系,为具体实践提供清晰导向,确保道德认知、情感与行为在实践中和谐统一。让学生不仅能扎实掌握道德知识,更能在日常生活中主动践行道德准则,最终实现从"知"到"行"的飞跃,成长为具有高尚道德情操的社会栋梁。强化德育目标实践性的做法具体如图5-6。

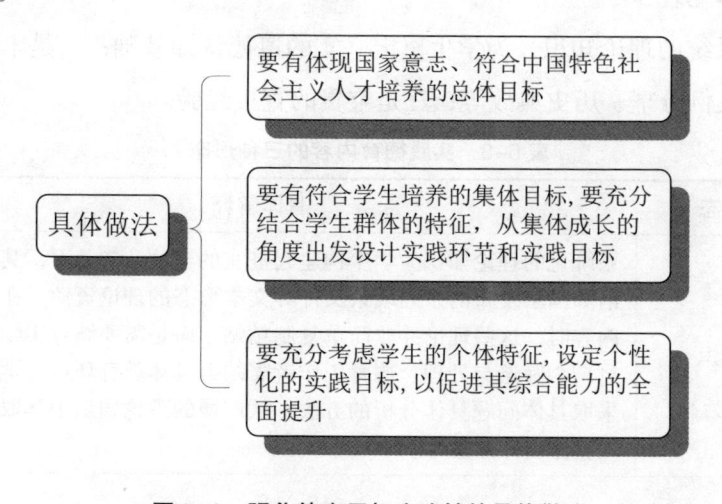

具体做法:
- 要有体现国家意志、符合中国特色社会主义人才培养的总体目标
- 要有符合学生培养的集体目标,要充分结合学生群体的特征,从集体成长的角度出发设计实践环节和实践目标
- 要充分考虑学生的个体特征,设定个性化的实践目标,以促进其综合能力的全面提升

图 5-6 强化德育目标实践性的具体做法

2. 加强德育过程的实践性

构建实践德育体系要充分加强道德育人过程的实践性，所采用的方法与手段能有效支撑实践内容的生动展现与实践目标的顺利实现，凸显德育的实践性特征。在德育实践过程中，要追求"知行合一"，学生应运用理性思维分析感性体验，以既有道德知识指导行动，同时，将实践中获得的感性认知升华为理性认识，通过实践验证并深化道德理解，促进整体认知能力的飞跃。德育工作者需精准对接实践目标，灵活选用多样化的实践策略，增强学生的实践经验，有效传播间接经验，并促进学生对理论知识的内化吸收，充分激发学生的主体参与性。实践过程中还要加强过程管理，前瞻性地识别并预防实践中可能遇到的问题，制定应急预案，确保问题一经发现即能迅速解决，保障教育的主动性与有效性。建立及时、有效的反馈机制，对学生进行科学引导，确保德育过程的实践性，使德育实践活动按照既定目标稳步推进，真正实现德育工作的实效性与针对性。

3. 打造德育内容的实践性

实践德育体系的构建强调德育内容需紧密贴合社会现实，旨在为学生现实生活提供切实指导。实践德育的内容包含理论知识、间接经验和直接经验三种形态，具体见表5-3。

一是系统的理论知识，为学生奠定坚实的道德认知基础；二是丰富的间接经验，如案例分享、历史典故等；三是宝贵的直接经验。

表5-3 实践德育内容的三种形态

三种形态	具体解释
理论知识	系统化的理论知识为学生构建起坚实的道德认知基石，其中涵盖了诸如国家发布的系列政策文件等文本形态的理论资源。在设计实践内容时，这些理论并非简单复制粘贴，而是需要结合实际情况，经过精心筛选与处理。德育工作者需结合具体教育环境与学生实际，采取具体问题具体分析的方法，从广博的理论知识中萃取精华，融入整体设计方案之中

续表

三种形态	具体解释
间接经验	间接经验包括其他学生实践的间接体验。为了充分发挥其价值，应借助分享会、交流会、研讨会等多样化手段，以互动的形式生动呈现这些间接经验，促进学生间的思想碰撞与情感交流，有效拓宽他们的视野边界，使其在倾听与表达中深化对道德的理解与感悟，进而内化为个人品德修养的一部分
直接经验	直接经验，即大学生亲身参与实践活动所获得的体验与感悟，经过个人精心加工与整理后，不仅成为个人思想品德成长的催化剂，还能以间接经验的形式，向他人展示其独特的价值。这一过程，既促进了学生个体的自我完善与提升，又通过分享与交流，丰富了集体道德教育的内涵，为更多学子提供了可借鉴、可学习的宝贵资源

在实践过程中，理论知识、间接经验与直接经验这三大形态的内容相辅相成，共同指导着实践又解释着实践，使其实质与精髓得以充分展现。为了把这些不同层次的德育内容系统地保留并传承下去，德育工作者需发挥主观能动性，精心编纂教材与案例，创设贴近实践的德育课程，使其不仅承载着德育内容的深厚底蕴，更体现了德育智慧的时代传承，确保学生在学习中能够深刻理解道德价值，将理论知识转化为实际行动，从而指导实践活动。

4. 提高实践活动的整体协调性

传统实践德育的组织体系呈现松散特征，不同类型的实践活动分别由不同的部门来组织实施，各部门相互之间缺乏必要的协同机制，导致实践德育体系的整体协调性不强。中医院校的教务教学管理部门、就业指导部门、学生工作部门、专业院系和相关课程负责人等都在组织不同类型的实践，这种分散模式导致资源分配不均，活动组织随意，难以形成统一的德育合力，削弱了实践教育的整体效能。构建实践德育体系，应将提高实践活动的整体协调性放在核心位置。具体措施如图 5-7 所示。

```
                    ┌─ 树立科学的实践德育理念,充分认识到实践
                    │  育人的重要作用,从整体育人的角度对实践
                    │  德育进行科学设计与规划
                    │
                    ├─ 加强实践德育的组织和实施,各职能部门各
                    │  尽其责,形成整体合力,围绕总的育人目标
          具体措施 ─┤  分线进行,推进实践德育组织体系的构建
                    │
                    ├─ 合理分配各方面资源,加强实践德育工作的
                    │  保障,做好人、财、物方面的协调
                    │
                    └─ 加强整体协调。一是协调实践活动参与主体,
                       包括学校各部门之间、学校和学生之间、学
                       生和学生之间的组织协调;二是协调实践目
                       标与内容,实践内容要紧扣主题,围绕目标
                       开展,加强实践的科学性和针对性
```

图 5-7 提高实践活动整体协调性的具体措施

(二) 实践共同体的构建

实践德育超越了传统意义上的 "教" 与 "学",它强调教学与实践的紧密融合,形成不可分割的整体,构建一个多方参与的实践共同体。这一共同体以德育的总体目标为导向,坚持实践这一德育的重要路径,整合政府相关部门、学校、学生、社会、家庭等多方面力量,发挥整体协同作用,共同致力于德育实践的深化与拓展。我们致力于提供高质量的服务与保障,确保大学生能够积极参与实践,从中获得成长与提升。实践共同体不仅是一个育人的平台,更是一个追求共同目标、拥有共同事业、促进共同学习、推动共同提高的生动实践场,各方力量都是德育实践的参与者和推动者,促进实践共同体建设。

1. 健全政府相关部门保障

政府教育管理部门作为顶层设计的核心,为大学生实践活动提供了切实可行的政策支持,营造了一个积极向上的外部环境,为实践活动的顺利开展奠定

了坚实基础。政府相关部门通过制定相关法规、政策,明确导向,激励社会各界参与,成为推动实践共同体构建的重要力量。政府还积极搭建平台,促进资源共享,为大学生提供更多元化、高质量的实践机会,确保实践活动能够深入社会、贴近实际,真正达到育人目的。

2. 整合学校各部门力量

学校作为实践德育的组织者,它不仅承载着组织、管理、评价与保障的多重使命,更是推动实践德育深入发展的核心引擎。在中医院校实践共同体建设中,学校内部需深度整合各部门及学生组织的力量,打破壁垒,促进跨部门协作。通过定期召开联席会议、建立信息共享机制等方式,确保各部门和学生组织能够形成高度共识,紧密围绕共同的德育目标,既保持各自的专业性与独立性,又能在实践中相互支持、协同作战。这种协同推进的模式,不仅能够有效提升实践德育的实施效率与质量,更能为学生的全面发展提供坚实保障,让实践德育真正落地生根,开花结果。

3. 尊重实践共同体中的学生主体性

在构建实践共同体的过程中,学生的主体性地位不容忽视。学生是实践活动的坚定实施者、积极参与者与创造者,而非被动接受者。构建实践共同体时,首要任务是尊重学生的主体性,通过多样化的策略与手段,充分调动学生的内在动力,激发他们的主动性与积极性。鼓励学生勇于表达自己的见解,积极参与实践活动的规划与设计,让他们的声音被听见,让他们的创意得以实现。

4. 加强社会支持

社会是实践德育的重要支持力量,各类社会组织不仅是大学生实践的坚强物质后盾,更是他们展示自我、锤炼能力的广阔舞台。这些组织通过提供资金、场地、设备等资源,为大学生的实践活动铺设了坚实的基石。社会也是大学生实践的服务对象。大学生在实践中不仅能够将所学知识应用于解决实际问题,还能深入了解社会需求,增强社会责任感。这种双向的互动不仅促进了知识的转化与应用,也加深了大学生对社会的认知与理解。社会组织和个人与大学生之间的有效交互是推动实践不断深化的动力源泉。通过对话、合作、反馈等机制,双方能够建立深厚的信任与合作关系,共同推动实践活动的深入发展。

5. 重视家庭的支持和参与

家庭作为社会的基石,不仅是大学生成长的摇篮,更是塑造其世界观、人生观、价值观的首要场所。重视家庭的支持,就是要鼓励家庭成员积极参与大学生的实践活动,共同营造积极向上的家庭氛围。在实践中培养大学生参与家庭生活的能力,通过参与家庭事务,大学生能够学会承担责任、沟通协作,进而培养出健全的人格和良好的社会适应能力。这样的家庭实践经历,将成为大学生宝贵的财富,为其未来的社会发展奠定坚实的基础。

第六章 中医院校德育共同体工作队伍建设

第一节 德育共同体工作队伍的内涵

构建德育共同体工作队伍,其核心在于明确队伍建设的深刻内涵与要求。中医院校应致力于打造一支政治立场坚定、业务能力过硬、专兼结合与功能互补的德育共同体工作队伍。中医院校坚持高标准、严要求,不断优化队伍结构,确保每位成员都能全心全意为人民服务,忠诚于社会主义教育事业,擅长并乐于从事德育工作,成为高校德育共同体中不可或缺的合格一员。这样的队伍,将是推动中医院校德育工作稳步发展的坚实力量。

一、政治立场坚定

政治立场坚定是德育共同体工作队伍的本质内涵,其核心在于坚持正确的政治方向和牢记全心全意为人民服务的宗旨。如果政治立场模糊不清,便难以担当重任,更无法承载社会与国家的厚望。唯有政治方向明确,方能明辨是非,引领青年学子在复杂多变的社会环境中稳健前行。

(一)坚持正确的政治方向

坚持正确的政治方向,就是要在德育工作上坚持社会主义方向,必须坚定不移地沿着社会主义道路砥砺前行,在思想、政治、理论领域保持高度敏感,敏锐捕捉各类动向与趋势。面对纷繁复杂的社会思潮,德育工作者应练就一双慧眼,精准识别各种倾向与苗头,警惕并防范潜在的风险与偏差,确保德育工作不偏航、不迷向,始终沿着正确的方向破浪前行。在关乎国家命运与民族未来的大事大非面前，德育工作者更需展现出非凡的勇气，保持清醒头脑，不为任何杂音所扰，不为任何风险所惧，旗帜鲜明地亮出自己的立场与态度，用坚定的信念和有力的行动，捍卫国家的根本利益与社会主义核心价值，展现出德育工作者应有的坚定与责任担当。

（二）牢记全心全意为人民服务的宗旨

作为高校德育工作者，必须始终牢记全心全意为人民服务的宗旨，并将其内化为行动的指南针；必须继承优良传统，积极弘扬无私奉献与勇于创业的精神风貌，以奋发向上的姿态，投身于教育事业，怀揣深厚的事业心和使命感，追求高远的思想境界。在日常工作中，德育工作者要始终把学生装在心里，设身处地为学生着想，倾听他们的心声，解决他们的急难愁盼。深入学生群体，我们不仅关注学业上的进步，更关心他们的日常生活与成长烦恼，用实际行动诠释着"以学生为本"的教育理念。

二、业务能力过硬

业务能力过硬是德育共同体工作队伍的必备条件和基本门槛，是其推动中医院校德育工作深入发展、有效提升大学生综合素质、培养符合时代需求的合格人才的重要保障。业务能力过硬主要是指要有从事德育工作的较高的理论水平和管理水平。要求成员具备深厚的德育理论功底，并紧跟时代步伐，能够用现代科学技术知识武装自己，具有较高的科技素质。注重参加社会实践，将理论与国情相结合，深入研究新时代下的机遇与挑战，以宽广的知识面和开阔的视野引领德育工作前行。

德育工作者要能够把握新时代中医院校德育工作的规律和特点，不仅需具备深厚的政策理论素养，以国家教育方针为指引，确保德育工作方向正确，还要拥有卓越的管理艺术，促进德育工作的科学化、精细化。他们应能够高屋建瓴地设定德育目标，构建融合中医药文化精髓与现代德育理念的教育内容体系，勇于探索多元化教育途径并灵活运用实施策略，因材施教，激发学生内在道德动力，不断推动德育工作创新发展。

三、专兼结合与功能互补

专兼结合与功能互补，体现了德育共同体工作队伍的整体结构内涵，主要指中医院校德育共同体工作队伍包含专职和兼职两部分工作人员，并使二者有机结合在一起，相互促进，取长补短，既确保了专业深耕的专职德育工作者的力量，也借助了广泛参与的兼职德育力量专职德育工作者。在专职德育工作者方面，学生政工人员与政治理论课教师是不可或缺的中坚力量。他们不仅具备扎实的德育理论基础，更以高度的责任心和使命感，深入学生群体，成为学生心灵的引路人和成长路上的坚强后盾。通过日常交流、心理辅导、主题教育等多种形式，他们精准把握学生思想动态，有效引导学生树立正确的世界观、人生观和价值观，为培养德才兼备的医学人才奠定了坚实基础。而兼职德育工作者则广泛分布于业务教师和管理人员中，他们将德育理念融入日常教学和管理工作中，实现了德育与智育、体育、美育的有机结合。通过言传身教、榜样示范，他们不仅传授了专业知识，更传递了积极向上的人生态度和崇高的道德情操，以身作则，践行德育理念，形成了良好的示范效应。两者相辅相成，专职人员以其专业性和贴近性为德育工作奠定坚实基础，兼职人员则通过自身的职业影响力和广泛参与度，为德育工作注入活力与多样性，弥补了单一力量可能存在的不足，实现了德育资源的最大化利用。通过专兼结合与功能互补，中医院校德育共同体工作队伍能够更加高效地开展德育工作，为学生的全面发展提供有力支撑。

第二节 德育共同体工作队伍建设的实现途径

在探索中医院校德育共同体工作队伍建设的实现途径过程中，可以通过深入挖掘共同体成员的德育潜能与价值，有效提升中医院校德育共同体工作队伍建设水平，形成协同育人、全员育人氛围，从而更好地提升德育合力。德育共同体工作队伍建设以校内德育专家为核心引领，汇聚各专业教师、专兼职学生工作者等，形成全过程、全方位的德育支持网络。中医院校还应积极拓宽合作边界，诚邀社会各界精英作为特邀德育工作员，将行业智慧与经验融入德育实践，促进理论与实践的深度融合，强化了德育工作的专业性与针对性，在校园内外营造了协同育人、全员参与的浓厚氛围，有效提升了德育合力。

为尽快推动德育共同体工作队伍建设的实现，中医院校可以按照以下五条路径进行建设：一是凝聚广泛共识，强化顶层设计，确保德育共同体建设方向明确、步调一致；二是科学选拔人才，建立健全准入机制，确保队伍成员的高素质与高起点；三是构建一体化培训体系，持续提升德育工作队伍的综合素质与专业能力；四是畅通沟通渠道，加强组织建设，促进成员间的信息共享与协作；五是建立科学合理的考核评价体系与奖惩机制，激发队伍活力，确保德育工作的持续创新与高效运行。

一、凝聚共识，强化顶层设计

中医院校应紧紧围绕立德树人根本任务，在强调协同育人、全员育人的基础上，凝聚共识，强化顶层设计，构建一支全面、高效的德育共同体工作队伍。这一队伍需具备明确的目标导向、多元主体的交互协作以及集体力量的高度协同。通过深化思想认识与理念共识，中医院校应构建由校级部门总揽全局、院级部门精细执行、各职能部门紧密配合的工作体系，确保德育共同体建设的系统性与连贯性。

德育是高校的核心工作之一，每个部门、每个教职工都是德育的实施者和影响者，德育绝对不仅是思政教师与辅导员的专属职责，应是全员、全程、全方位育人，从教育教学人员到后勤管理和服务人员，每位教职员工的言行举止都潜移默化地影响着学生的思想观念与道德情操，影响着他们对德育理论的认同和执行程度。中医院校必须坚持整体推进的原则，将教书育人、服务育人、管理育人紧密结合，鼓励并引导全体教职员工积极参与到德育工作中来，形成上下一心、齐抓共管的良好氛围，实现德育总体目标。

二、科学选拔，建立健全队伍准入机制，严把"入口关"

在德育共同体工作队伍建设过程中，科学选拔与建立健全队伍准入机制显得尤为关键,严把"入口关"是提升中医院校德育实效性的基石。德育的对象是人,关键在于引导与启迪,决不能机械对待。德育的最终效果如何,先决条件是德育共同体工作队伍的素质。中医院校应当构建一套全面而严谨的人才选拔体系,确保"德才兼备,择优录用"的原则得以贯彻。这要求学校在选拔德育工作者时,不仅考量其专业知识与教学能力,更要重视其政治立场、道德品质、思想作风及心理素养,吸纳那些既拥有深厚专业知识,又具备高尚师德,能够以身作则,用正面形象引领学生成长的优秀教师。鉴于心理教育在德育工作中的重要作用,还应特别注重引进具备心理学背景的专业人才,以科学的方法辅助解决学生心理困扰,促进其全面发展。把政治素质好、道德水准高、思想作风正、知识结构合理的优秀人才充实到德育工作队伍中来。一支精心挑选、素质过硬的德育工作者团队,能够为学生的品德塑造与价值观形成提供坚实的支撑。

优质人才是队伍活力的源泉,代表着学校德育工作的形象,他们的一言一行潜移默化地影响着学生。中医院校应构建科学的选留机制,明确选留条件,采用多维度评估方法,确保每位德育工作者均德才兼备。在选拔过程中,既要关注候选人的专业素养与教学能力,更要重视其政治立场、道德品质及与学生的沟通能力,并鼓励院系间人才流动,优化资源配置。对于思想政治课教师,既要选留优秀毕业生,也要积极引进高层次人才,以强化政治理论教学的深度与广度。中医院校还应从业务课教师和管理人员中挖掘潜力,选拔那些政治过硬、形象良好且深受学生喜爱的人兼任德育工作,形成跨学科、跨部门的德育合力,共同推动学校德育共同体工作队伍建设。

三、积极打造一体化培训体系,提高队伍综合素质

中医院校应着力构建全方位的一体化培训体系,全面提升队伍的整体素质与专业能力。重点培养德育领域的专家学者及教学骨干,并培养全体教师、职工及学生干部的坚定政治信念、宪法意识、爱国情怀等,树立正确的世界观、人生观,秉持高尚的职业道德与积极的工作态度。培训体系以立德树人为核心,强调教书育人、管理育人、服务育人的深度融合。为实现这一目标,中医院校

需构建涵盖职前准备、在职提升及职后深造的全方位培训体系。针对专职德育教师，特设德育培训学分制度，辅以严格的培训考核机制，激励其在德育理论、实践技能及团队协作等方面实现质的飞跃。对其他学科的教师也要进行德育专业能力、德育一体化的培养培训，要覆盖全体学科教师，强化其德育专业能力，促进德育与学科教学的深度融合。通过培训，提升教师在课程中挖掘德育元素的能力，让专业课也能成为德育的生动课堂。鼓励所有学科教师积极参与德育工作，构建全员育德体系，形成德育合力。培训内容还应涵盖学段衔接、课程协作、教材整合及教学深化机制等方面，确保德育工作的系统性和连贯性。

在打造一体化培训体系过程中，还应特别注重培训的实效性，切实提高队伍的育人水平与业务能力：

第一，采取多元化、系统化的培训策略。结合通识教育与专业培训，将集中授课与分散实践相融合，既邀请专家深度讲解，又鼓励学员积极参与互动，形成知识传递与经验交流的双向循环。依托专业基地与校本部资源，实施分层培训，确保培训内容的针对性和实效性。培训活动丰富多彩，涵盖理论辅导、专题研讨、自主学习、案例分析、课题研究等多个维度，旨在强化德育工作人员的德育能力、创新思维与研究能力。通过导师带教、专题研究及优秀案例分享，不仅要传授理论知识，更要注重实践经验的传承与创新，力求让每一位德育工作者都能在实践中成长，在研究中提升。

第二，加强德育研究工作。为深化德育培训工作，中医院校必须高度重视并加强德育研究的引领作用。鼓励德育队伍成员积极投身各类课题研究，借此契机转变教育管理理念，确立以学生为中心的新视角，不断探索适应新时代要求的德育模式与方法，旨在激发学生的内在潜能，营造宽松和谐的德育氛围。在此过程中学校必须对德育研究工作进行系统规划，将宏观的德育目标细化为一系列具体、可操作、可评估的任务与项目。这些任务将紧密围绕学生的实际需求与成长特点，确保德育内容更加贴近学生生活，更具针对性与实效性。学校还应致力于构建网络化、信息化的培训体系，促进德育资源的有效整合与共享，为德育工作者提供更多元、更便捷的学习与发展机会，推动中医院校德育队伍综合素质的提高。

第三,"请进来"与"走出去"相结合,不断拓宽德育工作的思路与视野。一是强化最新德育理论的学习,为德育教师精选并增订涵盖德育工作、心理健康教育等领域的书籍与杂志,以拓宽他们的知识边界,确保他们能及时掌握最新的德育工作动态与信息。二是"请进来"。学校应积极邀请德育领域的专家学者及心理学教授走进校园,通过专题讲座、研讨会等形式,传授他们在德育科研、学生管理以及先进德育理念等方面的宝贵经验,为德育工作注入新的活力与智慧。三是"走出去"。学校应鼓励德育工作者"走出去",主动寻求与德育工作成效显著的学校建立联系,组织他们分批外出学习、实地观摩,亲身体验并借鉴他人的成功实践。这种开放式的学习模式,旨在打破"闭门造车"的局限,让我们的德育工作者能够站在更高的平台上审视工作,将所学所得灵活运用到实际工作中,从而有效提升德育工作的成效与质量。

第四,终身学习。在当今复杂多变的环境中,中医院校德育共同体工作队伍必须具备深厚的学术素养与持续学习的精神,方能担当起这一崇高使命。一是德育工作者应秉持终身学习的理念,将学术追求视为职业生涯的基石。他们需广泛涉猎教育学、心理学、社会学等相关领域的理论知识,深入理解德育工作的本质与规律,以科学的视角审视教育现象,以理性的态度解决教育问题。二是德育工作者应不断提升自身的业务能力与专业素养。这包括掌握最新的教育政策、了解德育工作的最新动态、研究有效的德育方法与策略等。通过不断地学习与实践,德育工作者应能够灵活运用专业知识,创新德育工作的方式方法,提高德育工作的针对性和实效性。三是德育工作者还应注重自我修养与人格塑造。他们应具备良好的道德品质、高尚的情操和坚定的信念,以自身的言行举止为学生树立榜样。通过言传身教,德育工作者应能够激发学生的道德情感、培养学生的道德意识、塑造学生的道德人格。

四、加强德育队伍的组织建设,畅通德育共同体工作队伍成员间的沟通渠道

德育共同体工作队伍建设的水平和成效很大程度上取决于德育队伍的素质和组织管理水平。目前,我国中医院校德育队伍的构成略有差异,大部分学校

德育队伍涵盖了学校及学院机关队伍、思政课教师队伍、专业课教师队伍和学生管理队伍等多元力量。每支队伍都不可或缺，都有各自的工作重点和分工职责，政务与学生管理团队，侧重于政策传导与日常行为引导；思政课教师则以理论武装学生头脑，深化其对社会主义核心价值观的理解；专业教师则在专业知识传授中融入德育元素，实现知识传授与价值引领的有机结合，他们是对学生进行思想教育的根本力量，能够凭借其深厚的专业素养与独特的人格魅力，引导学生树立诚信、勤劳、同情与责任等美德，注重培养学生的思想政治道德素质、高尚人格、健康心理及坚韧抗挫能力。

第一，学校及学院机关政务队伍要起到组织引领与思想导航的核心作用。他们不仅要深刻理解并紧跟国家的方针政策，还要敏锐洞察当下学生群体的思想动态与发展状态，学校间可以开展交流调研活动，通过互访学习、数据共享等方式，拓宽视野，准确把握学生思想的新变化、新特点。学校及学院机关队伍要深入一线，意味着要走出办公室，走进学生课堂、宿舍、社团，与学生面对面交流，倾听他们的心声，了解他们的真实需求与困惑，对学生进行思想上的启迪与引导，帮助他们树立正确的世界观、人生观、价值观。为确保各项工作的有效落实，学校及学院机关队伍还需切实承担起监督与检查的责任。通过建立完善的工作机制，对学生的学习生活、思想动态、活动参与等方面进行全方位的监督，及时发现问题、解决问题，确保德育工作始终沿着正确的方向前进。

第二，思政课教师作为引领学生思想航向的重要力量，应不断深化自身学识，将高深的理论知识融入鲜活的生活实例之中，使抽象概念具象化，帮助学生跨越理论与实践之间的鸿沟。面对学生群体的多样性，教师应秉持因材施教的原则，把握不同学生的性格特质与学习需求，实施差异化教学策略，确保理论知识的有效传授。思政课教师还应积极创新教学方式，策划并组织一系列紧跟时代步伐、贴近学生生活实际的社会实践活动。让学生在实践中检验所学理论，在面对真实问题时激发其思考与探索的热情，从而深化对理论知识的理解与掌握。通过第二课堂等多元化教育平台的充分利用，思政课教师可以进一步丰富德育形式，让学生在轻松愉快的氛围中接受德育熏陶，于无形中增强对德育理念的认同感与执行力，最终促进学生的全面发展与健康成长。

第三，在德育共同体工作队伍建设中，专业课教师不仅是知识的传递者，更是学生品德塑造的重要引路人，应在传授专业技术能力的同时，增强育人意识。在教学过程中，教师们需积极展现个人的人格魅力，以高尚的师德、严谨的治学态度及积极向上的生活哲学，潜移默化地影响学生，通过自身的言行举止，为学生树立正面榜样。课堂之内，专业课教师应巧妙地将专业知识与德育元素相融合，引导学生在掌握专业技能的同时，培养正确的世界观、人生观和价值观。课堂之外，专业课教师则更应主动关心学生的成长，真正实现教书与育人的有机结合，全方位地促进学生综合素质的提升。

第四，学生管理队伍是规章制度的执行者，更是学生心灵的守护者。为了更有效地履行这一职责，学生管理队伍成员必须具备深入学生内心、细致观察学生思想动态的能力。作为学生的直接管理者，他们需要主动放下身段，以真诚和耐心的态度，倾听学生的心声。通过定期和不定期的交流与沟通，学生管理队伍能够及时发现并解决学生在学业、生活及情感等方面的困惑与问题，为他们提供及时的帮助与指导。学生管理人员还应将思想工作与日常的事务性工作紧密结合，确保在解决学生实际问题的基础上，引导学生树立正确的道德信仰，培养其独立思考与解决问题的能力。学生管理队伍应努力成为学生成长道路上的"知心人"与"引路人"，陪伴他们健康、快乐地走向未来。

第五，在加强德育队伍组织建设过程中，中医院校应当高度重视并充分发挥优秀学生群体的积极作用，将其视为德育共同体工作队伍中的重要组成部分，即"第五力量"。学校需构建一套系统化的选拔与培养机制，以学术标准与德育成效为双重衡量尺度，识别并培育出一批在学业成绩、道德品质和领导能力等方面均表现突出的学生榜样。这些学生应具备深厚的专业知识基础，展现出高尚的道德情操与强烈的社会责任感，成为同学们心中的楷模。探索实施朋辈引领策略，鼓励并支持这些优秀学生领袖在学术研讨、社会实践、志愿服务等多个领域发挥引领作用，通过组织专题讲座、经验分享会、团队建设活动等形式，将自身的正能量与成功经验传递给更多同学，形成积极向上的校园氛围。

为加强中医院校德育队伍的组织建设，学校需积极构建高效畅通的沟通渠道，确保德育工作队伍成员间的信息流通无阻，资源得以最大化利用。在个体层面，应鼓励并创造条件促进德育工作者之间的直接交流，无论是日常的工作心得分享，还是面对挑战时的策略探讨，都能有效增强团队的凝聚力与协作能力。在群体层面，也应促进广泛交流，通过跨学科的协同教学与育人模式，打破学院壁垒，实现资源共享与优势互补，构建专兼结合、多元融合的德育团队。为了实现这一目标，学校应采取横向联合与纵向贯通的策略，横向上加强各学院德育工作的协同配合，形成德育工作的整体合力；纵向上则贯穿不同年级，确保德育工作的连续性与系统性。定期组织跨学院、跨年级的德育队伍工作交流会与分享会，为德育工作者搭建一个集思想碰撞、经验交流、成果展示于一体的综合性平台，增进彼此间的了解与信任，激发创新思维，促使德育工作者在相互启发中不断探索适应新时代要求的德育工作新思路、新方法，共同推动中医院校德育工作迈向新高度。

五、建立科学有效的考核评价与奖惩机制

（一）建立德育工作者的责任目标考核制度

为确保德育工作的持续高效推进，中医院校应建立一套科学、全面的责任目标考核评价制度，来激励德育工作者的工作热情。考核评价制度应聚焦于对德育工作者的基本职责进行明确界定，还应通过设立具体、可量化的考核指标，以客观、公正地衡量德育工作者的努力与成效。指标可涵盖学生品德提升率，直接反映德育工作对学生品德修养的积极影响；通过德育活动参与度，评估德育工作者的组织能力与学生的积极响应程度；开展师生满意度调查，了解德育工作在师生中的认可度和改进空间。

（二）注重绩效，表彰先进，完善激励机制

评价从本质上说是一种价值判断，是加强队伍建设的一个重要手段。德育工作的有效实施离不开科学的评价体系与激励机制的支撑。中医院校应深入探索并构建一套全面、公正的德育评价机制，将德育工作成效纳入每位教职员工的绩效考核体系，使之成为衡量工作表现的关键指标之一。通过将评价与考核、

激励紧密结合，激发全体教职员工的教育热情，树立全员育人的理念，鼓励大家积极投身于德育实践。

学校需制定详尽的考核奖惩制度，确保对德育工作者的贡献给予应有的认可与奖励。在年度考核及职称评定等关键环节，应明确将德育业绩作为重要考量因素，对表现卓越的德育工作者给予物质与精神双重激励，如颁发荣誉证书、提供进修机会或增加奖金等，以此表彰先进，树立榜样。学校应秉持"优胜劣汰"的原则，对德育工作中表现不佳或失职者采取相应措施，及时督促改进，必要时进行岗位调整或淘汰，确保德育队伍的纯洁性与高效性。通过这一动态管理机制，不断吸引并留住优秀德育人才，为高校德育事业注入源源不断的活力与创造力，在制度建设和实际工作中积极营造重视德育队伍建设的良好氛围与舆论环境，最终构建起一支高素质、专业化的德育师资队伍，为培养德才兼备的高素质人才奠定坚实基础。

（三）注重人文关怀，关爱德育工作人员

在建立科学有效的考核评价和奖惩机制的基础上，中医院校应秉持"以人为本"的核心理念，对德育工作者给予深切关怀与全力支持，致力于构建温馨和谐的工作环境，让每一位德育工作者感受到归属感与温暖，从而更加专注于学生的品德塑造与信仰养成。面对工作中的挑战与难题，学校应积极倾听他们的声音，提供必要的帮助与指导，助力他们跨越障碍，实现个人成长与职业发展的双重飞跃。学校应鼓励德育工作者不断进修深造，拓宽知识视野，提升专业素养，实现从"保姆型"辅导员向"专家型"教授的华丽转身。在经济待遇上，应给予合理且具有竞争力的回报，让德育工作者看到付出与收获成正比，激发他们的工作热情与创造力。对于政治成熟、经验丰富的优秀德育工作者，应适时提拔至领导岗位，引领德育队伍向着更加专业化、职业化的方向迈进，共同开创中医院校德育工作的新篇章。

第七章　中医院校德育共同体建设的评价体系

第一节　评价体系构建的内涵和要求

一、评价体系的内涵

中医院校结合学校定位与专业特色的德育实践中，必须构建一套全方位、多层次的德育共同体建设评价体系。该体系以制度为引领，创新评价方法与实施路径，确保评价的全面性与有效性。如在评价方法的创新上，中医院校积极探索多元化、过程化的评价路径，既注重结果评价，也强调过程评价，力求全面、客观地反映学生的成长与变化。通过项目式学习、临床实习、社会实践等多种形式，让学生在实践中感悟中医文化的博大精深，同时培养其良好的职业道德和社会责任感。秉承"育人为本、德育为先"的教育理念，中医院校致力于在深化学生道德情操的同时，强化其核心专业技能与中医职业素养的培育，通过优化课程设置、强化实践教学、开展丰富多彩的校园文化活动，努力营造浓厚的中医文化氛围，让学生在潜移默化中受到熏陶，成为既有深厚中医功底，又具备高尚医德的未来医者。通过激发学校各层级的活力，包括教师团队的积极引导、学生的主动参与、社会资源的有效整合以及家庭教育的紧密配合，共同推动中医院校德育生态的持续优化，为学生搭建起综合素质全面发展的坚实平台。

中医院校德育共同体建设评价体系是对其人才培养实现全方位价值增值的多元评价系统，旨在通过综合考量学生的品德修养、专业技能及社会责任感等多个维度，促进中医人才的全面发展。该体系不仅关注学生个体的成长轨迹，还紧密结合学校定位与专业特色,确保教育成果与社会需求的高度契合,为培养德才兼备、具备高度创新能力和实践精神的中医人才奠定坚实基础。基于德才兼备中医人才培育的深远考量,中医院校德育共同体建设评价体系的内涵包括三个层面,具体如图 7-1 所示。

```
                    ┌─ 落实"立德树人"根本任务,自觉践行
                    │  社会主义核心价值观
        内涵的       │
        三个层面  ───┼─ 应用为本,实现德育和个人成长的和谐
                    │  共生
                    │
                    └─ 依托专业优势,服务国家需求
```

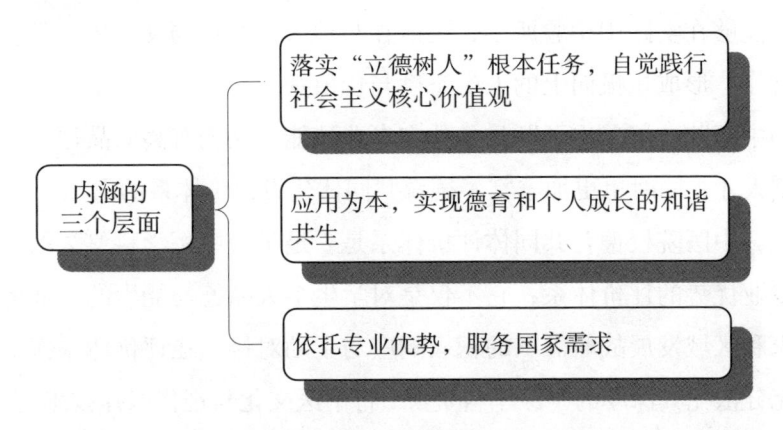

图 7-1 中医院校德育共同体建设评价体系内涵的三个层面

第一,中医院校德育共同体建设评价体系本质上是根植于社会主义土壤之中的评价体系,要坚定不移地自觉践行社会主义核心价值观,将其作为德育共同体建设评价的灵魂与方向标。在"立德树人"这一根本任务的引领下,中医院校德育共同体建设评价体系致力于建立学生的成长引领,指导学生不仅要精通中医理论与技术,更要具备深厚的道德素养和宽广的视野。在全方位的德育共同体建设评价体系指导下,通过系统的德育课程、丰富的实践活动以及良好的校园文化氛围,学生得以在潜移默化中树立正确的世界观、人生观和价值观,形成对中医事业的热爱与敬畏,增强对社会的责任感与使命感。只有如此,中医院校所培育出的中医人才,方能真正成为心系国家发展、关注社会民生和服务人民健康的栋梁之才。

第二,中医院校德育共同体建设评价体系需紧密贴合中医院校"应用为本"的办学定位,确保德育工作与中医教育的实践导向紧密相连。这意味着评价体系不仅要关注学生的理论知识掌握情况,更要注重他们在实践中的表现与成长,确保德育与专业技能培养相辅相成,相互促进。针对中医院校学生的独特性与实际需求,评价体系需灵活调整,以更加贴近学生生活与学习状态的方式展开。

评价体系应注重培养学生的职业素养,如沟通能力、团队协作能力、职业道德规范等,使他们在未来职业生涯中能够游刃有余,成为行业内的佼佼者。在德育共同体建设评价体系的指导下,德育不再是单纯的理论灌输,而是成为了学生个人全面发展的加速器。通过参与各类实践活动、志愿服务及校园文化活动,学生不仅能够在实践中检验所学,更能在与他人的互动与交流中,学会尊重、理解与合作,形成积极向上的人生态度与价值观。这种德育与个人成长的和谐共生,为中医院校培养出了既具备扎实专业技能,又拥有高尚品德与人文素养的复合型人才,同时也更加丰富了德育共同体建设评价体系的内涵。

第三,中医院校德育共同体评价体系是立足学校中医学科悠久的历史文化积淀与专业优势的评价体系,它不仅是对学生个人品德与能力的全面考量,更是对国家和区域发展战略需求的积极响应与主动对接。在评价体系指引下,中医院校充分依托其深厚的中医学科资源,将中医文化与现代医疗技术巧妙融合,形成独具特色的德育内容体系。这一体系不仅涵盖中医基础理论、临床技能的培养,更将医德医风、中医文化等人文素质教育贯穿于教育教学的全过程,旨在培养出既有深厚中医底蕴,又具备高尚医德情操的复合型人才。评价体系中的各项指标,均紧密围绕国家和行业发展的实际需求进行设置与调整。通过加强实践德育环节,学生得以在真实或模拟的医疗环境中锻炼自己,提升解决实际问题的能力;引入创新教育模式,则为学生提供了广阔的思维空间与探索平台,激发他们的创新思维与创业精神;而强化医德教育,更是将培养学生的社会责任感与奉献精神作为核心任务,确保他们在未来的职业生涯中能够始终坚守医者仁心的职业信仰。

二、评价体系的构建要求

在构建中医院校德育共同体建设评价体系的过程中,我们必须深刻把握"立德树人"这一教育的根本任务,确保评价体系与国家教育发展的宏伟蓝图紧密相连,同步前行。中医院校作为高校德育工作的重要阵地,应当勇于担当,紧跟时代步伐,积极响应国家号召,全面推进德育共同体建设评价体系的革新与完善。

德育共同体建设评价体系的构建，要立足学校独特的中医学科优势与文化底蕴，深入挖掘中医文化中蕴含的德育资源，将其与现代教育理念相结合，打造出既具有中医特色又符合时代需求的德育共同体建设评价体系。通过这一评价体系的指导，旨在引领中医院校更好地服务于国家和社会发展的战略需求，为社会主义医疗领域输送一批批有理想、有本领、有担当的中医人才，他们拥有高尚的医德情操、深厚的文化底蕴以及强烈的社会责任感，能够在未来的医疗事业中发光发热，为人民群众的健康福祉贡献自己的力量。

（一）注重社会力量，构建全方位评价体系

传统德育评价往往多依赖于辅导员或班委等常规校内主体，学生、家庭、社会等主体很少参与德育评价。随着德育工作的深入开展，中医院校德育共同体建设评价体系应不断探索新模式，广泛发动利益相关部门加入其中，从单一评价向多元评价转变。医院、医疗机构、行业协会等作为中医教育的重要实践基地，其反馈与评价对于衡量学生医德医风、临床实践能力等方面具有不可替代的作用。通过邀请这些单位参与德育评价，不仅能够让学生提前适应未来职业环境，还能使评价内容更加贴近实际，增强评价的针对性和实效性。特别是社会力量的参与，能够让评价体系走出校门，走向社会。如志愿服务、社会调研等，让学生在实践中锤炼品德、增长才干。为了确保评价体系的全面性和客观性，中医院校还应结合中医院校自身实际和学生特点，积极探索多样化的评价方法，如自我评价、同伴评价、家庭评价等，以多维度、多角度地反映学生的德育状况，丰富评价手段，促进学生自我认知、自我提升的能力培养。

通过运用多样性的德育评价方法，深入开展多方合作，形成具有中医院校特征的德育评价体系，旨在一定程度上打破传统德育评价可能存在的片面性和封闭性，提高中医院校德育共同体评价的客观性和实效性。中医院校应积极尝试突破传统德育工作评价的束缚，努力拓宽德育评价路径，不断丰富德育评价内容，以期形成一个更加开放、包容且充满创新活力的评价体系。引进多方资源共同参与，让德育评价工作更加立体、丰富，呈现多元化和个性化的趋势。在这一过程中，学校应积极引进并整合来自不同领域的资源，鼓励多方主体共同参与，使德育评价工作不再局限于单一视角，而是呈现出一种多元化、个性化的新气象。

（二）强调过程、动态评价，构建全过程评价体系

在构建中医院校德育共同体评价体系时应注重全过程评价，强调引领与调整、激励与约束并重，力求实现评价模式的有益转变。针对"唯分数论"和"唯智力论"的传统观念，坚决摒弃单一的主观评价与节点式评估方法，转而聚焦于学生德育成长的全过程。这一转变不仅是对传统评价体系的深刻反思，更是对新时代德育理念的积极响应。

学校应倡导在德育共同体建设评价中融入更多的沟通与互动，鼓励评价主体（包括教师、朋辈同学、家长及社会各界）与学生建立紧密的联系，共同参与到德育共同体评价的过程中来。这样可以更加全面地了解学生的真实状态与内心需求，确保评价的客观性与公正性。这种动态的、过程性的评价方式，也使得学生能够更加主动地参与到德育工作中来，从被动接受评价转变为积极寻求自我提升。在评价过程中，学校应特别注重信息的沟通与反馈，确保学生能够及时了解自己在德育方面的表现与不足。这种及时的反馈机制，不仅能够增强学生的自我认知与自我反思能力，还能够激发他们的内在动力与潜能，让他们在不断的自我挑战与超越中，逐渐成长为具备高尚品德与卓越能力的中医人才。构建德育共同体的全过程评价体系是一个充满人文关怀与科学精神的过程。它旨在通过动态的、过程性的评价方式，引导学生从"他律"走向"自律"，从"被动"走向"主动"，极大地推动了德育共同体建设。

（三）拓展评价体系内容，促进人的全面发展

随着教育改革的不断深化，中医院校的育人目标也随之发生改变，这在德育评价体系中突出体现为对实现大学生全面性发展的要求。传统的德育评价体系往往偏重于思想道德层面的单一考量，忽视了学生综合素质的多元展现，难以适应新时代对人才全面发展的迫切需求。在新的教育理念下，中医院校需积极拓宽德育评价体系的维度，构建一个更加全面、公正、客观的评价体系。这

一体系既要继续深化对学生道德品质的评估，更应融入对学生学业成就、实践能力、实习表现、社会责任感及志愿服务精神等多方面的考量。通过综合评价学生在校内的课程学习成效、参与实践活动的积极性与创造力、实习工作中的专业应用与团队协作能力，以及在社会志愿服务中展现的公益心与奉献精神，能够更加立体地描绘出学生的成长轨迹。这样可以促进中医院校教育向更加综合化、人性化的方向发展，确保每位学生在知识积累、技能提升、品德修养及社会责任感等方面均能得到均衡发展。

（四）用发展的眼光看问题，实现可持续发展

任何事物都不是一成不变的，德育工作也是如此，需要根据新的社会背景来逐步发展与创新，从而紧跟时代步伐，焕发出新的活力。这不仅体现在整个德育共同体评价体系形式的变化，还要体现于德育共同体评价体系工作方式与考察模式的转变与发展。随着年龄的增长，大学生的认知能力也在不断发生着变化，再加上受到了高校的高质量教育，整个人的价值观念与思想道德水平都会有相应的变化，因此德育共同体评价体系也应该体现可持续发展的理念。

评价体系要想充分发挥出应有效果，需要提高德育评价工作的科学化水平，这就要求在对大学生进行评价时要立足于可持续发展的要求，用发展的眼光来综合评价大学生，尽可能减少对大学生的定性评价，不能形成对大学生的刻板印象，而是应该更加侧重于过程性评价、形成性评价，这样才能够让大学生感受到被充分尊重，进而对德育工作表示进一步的支持，有利于德育评价体系的完善，也有利于高校思想政治教育工作的顺利展开。

三、构建评价体系的意义

中医院校德育共同体建设评价体系是检验学校德育工作成效的有力工具，更是切实落实"立德树人"根本任务，构建"大思政"格局，培养德才兼备的新时代中医人才的内在要求。构建一套科学合理、行之有效的德育共同体建设评价体系，有助于激发学生内心深处的民族情感，增强文化自信与自豪感，引导他们树立健康向上的人生观、价值观和道德观，从而在个人修养与职业发展

中奠定坚实的道德基石。

面对日新月异的社会变迁与人才需求的多元化，中医院校的德育工作必须与时俱进，不断适应新的教育生态。构建完善的评价体系，能够动态监测德育工作的实施效果，及时发现问题、调整策略，确保德育内容与方法的时效性和针对性。这也是对德育工作系统性、科学性的强化，有助于形成上下联动、内外协同的"大思政"工作格局，为中医教育事业的全面发展注入新的活力。

（一）有助于巩固德育地位，促进中医院校德育工作的发展

构建德育共同体建设的评价体系，不仅是将中医院校德育工作从抽象概念转化为具体实践的关键一步，更是强化德育在高等教育体系中核心地位、推动其持续发展的有力抓手。德育共同体建设评体系的构建与真正实施，让德育工作真正看得见、摸得着，确保"德育为先，全面发展"的教育理念得以扎实落地。建立评价体系对德育共同体建设进行科学评价是高校德育工作的实体内容之一，既可以为德育工作者提供反馈信息，增强德育工作的针对性、实效性，又可以将大学生德育管理目标细化分解，使其具体化、可操作化，把德育教育与日常管理和教育教学的各个环节相结合，从而增强德育实效。

（二）有利于提高德育的实效性

完善评价体系有利于提升中医院校德育工作的时效性，其核心在于构建一个全面、科学且可操作性强的评价机制，旨在精准捕捉德育过程中的每一个细微环节，确保评价结果的客观性与公正性。通过量化的数据指标与质性的观察分析相结合，不仅能够深入剖析每个学生在道德品质、价值观念、行为规范等方面的成长轨迹，还能准确衡量出各级德育管理机构在执行德育任务、创新德育方法、营造德育氛围等方面的实际成效与努力程度。

完善的评价体系能够促使德育工作者在日常工作中更加细致入微地关注每一位学生的个性差异与成长需求，及时发现并肯定学生的优点与进步，并针对其存在的不足有针对性地给予指导与帮助。这种个性化的关怀与教育策略，有助于激发学生的内在潜能，促进其全面发展。通过评价结果的反馈机制，学校

管理层可以清晰地了解到德育工作的整体状况与存在的问题，从而及时调整优化德育策略，确保德育目标的顺利实现。

（三）有利于实现德育的科学化

构建德育共同体建设评价体系，深入剖析学生群体的多样性与独特性，是紧密围绕学生全面发展的培养目标，把核心要素细化为具体可操作的指标体系，并巧妙融入学生的日常学习与生活中，既体现了教育的约束性与规范性，又激发了学生的自我管理与成长动力。评价体系不仅是衡量学生日常行为表现与综合成绩的有效标尺，更是德育工作自我完善与提升的重要工具。它促使德育工作者以更加严谨的态度，对德育工作进行全面深入的研究与剖析，通过指标数据的反映，精准识别德育实践中存在的问题与不足，为改进工作提供科学依据。

这一过程实质上是一种从经验管理向科学管理的深刻转变。评价体系将过程管理与目标管理巧妙融合，既关注德育工作的每一个环节与细节，又明确设定了可量化的目标，确保了德育工作的方向性与实效性。它还推动了德育工作的系统化、规范化进程，通过不断优化流程、完善制度，使德育工作更加有条不紊、高效运行。

（四）有利于大学生充分发挥自我评价和自我教育管理功能，不断提高自身德育素质

从德育主体与客体、内因与外因的关系看，任何一个道德目标的达成，最终都是自我教育的结果。德育共同体建设评价体系构建的过程正是学生自我评价与自我管理意识觉醒的过程。该体系通过科学严谨的方式，将德育目标与内容细化为可衡量的指标，不仅为大学生提供了清晰的行为准则和评价标准，更激发了他们自我审视、自我完善的内在动力。大学生能够依据评价体系中的标准，定期或不定期地进行自我"测"与"量"，通过对比分析，清晰认识到自己在道德品质、行为习惯等方面的长处与不足。这种基于事实的自我评价，不仅避免了盲目性与主观性，更让大学生在客观认知的基础上，制定出更加合理、可行的成长计划。德育共同体建设评价体系鼓励大学生将自我评价的结果转化

为实际行动，通过不断地自我调整与努力，逐步提高自身德育素质，提升了自我管理能力，更在潜移默化中塑造了他们的自律精神与责任感。

德育共同体建设的评价体系鼓励并引导学生积极参与自我评价与相互评价，通过自我反思与同伴交流，激发其内在动力，培养自我管理、自我教育的能力，从而减轻了德育工作者的事务性负担，使他们能够有更多精力投入到德育理论与实践的深入研究中去，把握德育工作的新趋势、新特点，推动中医院校德育工作不断迈上新台阶，实现德育工作的科学化、系统化与长效化，促使中医院校德育工作实现可持续发展。

第二节 积极构建"横纵"评价体系

一、横向联结的多维育人评价，实现全方位育人

德育共同体建设评价体系的构建，是一项持续演进、多维交织的动态工程，其核心宗旨在于全方位促进学生的素养深化与品德塑造。中医院校作为传承与创新并重的教育阵地，其德育评价工作需跨越单一维度，深入学生思想、政治、道德、法律及心理健康等多领域，进行横向全面对比与分析。基于课程育人、活动育人、文化育人，开展德育共同体建设评价活动，不仅注重结果评价，更强化过程评价的重要性，探索学生成长的增值空间。这一体系致力于健全综合评价机制，确保评价标准的科学性与公正性，为学生搭建一个有序进阶、全面发展的成长平台，实现德育工作的精细化管理与个性化指导，促进学生全面素质与综合能力的显著提升。

（一）课程育人评价维度

在构建横向联结的多维育人评价体系中，中医院校应紧紧围绕课程目标，在课程教学实践中，不仅关注专业知识的传授，更重视发挥各学科在促进学生全面发展中的独特价值，特别是在品德塑造、情感培育、体质增强、审美提升及劳动教育等方面的积极作用。

中医院校应积极构建课程育人、学科育人、环境育人等多维度融合的德育共同体建设评价体系，强调以"理想信念"为目标，引领学生的成长之路；以"家国情怀"为纽带，激发学生爱国爱家之情；以"道德情操"为基石，筑牢学生品德之根；以"政治认同"为导向，增强学生政治敏锐性与责任感；以"国家意识"为引领，培养学生的大局观与使命感；以"文化自信"为灵魂，传承和弘扬中医文化精髓。学校应充分挖掘并利用校内外各类教育资源，通过灵活多样的课堂渗透，开展全方位、全过程的课堂德育活动，并引入增值性评价与过程性评价机制，在关注学生最终学习成果的基础上，更加重视其在学习过程中的成长与变化，以此全面、客观、科学地评价学生的综合素质发展。

（二）活动育人评价维度

在活动育人的评价维度，中医院校应秉持"以德润才，以才济世"的育人理念，将品行涵养作为教育导向，在组织的各类综合实践活动中，把对德育共同体建设的评价融于活动之中，采用课题探究式、感悟交流式等灵活多样的评价方式，既关注学生参与活动的过程性表现，又重视其活动成果的展示与反思。通过过程性评价与表现性评价相结合的方式，全面、客观地评价学生的德育发展状况，促进学生在活动中成长，在成长中提升品德修养，推动德育共同体的建设。关于活动育人维度的评价体系设计详见附录五。

（三）文化育人评价维度

1. 硬件文化育人评价维度

硬件文化育人评价维度聚焦于物质文化环境对学生思想道德教育的隐性渗透。从这一维度来说，校园内的每一个空间、每一处设施，都是潜在的德育课堂。从校园建筑的整体布局到班级装饰的细腻考量，不仅需展现美学价值，更需融入深刻的德育意蕴。如在校墙、走廊等公共区域精心布置的德育主题壁画与名言警句，它们如同无声的导师，于细微处引导学生审视自我、思考道德。这些元素不仅美化了物理空间，更在无形中构建起一道道德风景线，让学生在日常学习和生活中即可感受到道德信仰的熏陶，在潜移默化中加深对思想道德的理解、体验与内化。在硬件文化育人评价维度下，学校需要深入考察这些硬件资源是否真正承载了德育使命，是否有效推动了德育共同体建设，以及它们如何影响并塑造了学生在这一环境中的道德认知与成长轨迹。

2. 软件文化育人评价维度

软件文化育人评价维度侧重于评估中医院校组织或引导学生组织的各类文化文化活动的质量与效果，衡量各类文化活动对学生德育发展的积极影响。这些活动不仅是文化传承的载体，更是德育实践的重要平台，是情感的共鸣与价值观的塑造，让学生在参与中逐渐形成文化自觉与道德自信。

在评价过程中，需确保评价体系的全面性与科学性。不仅要关注活动是否紧密围绕德育目标展开，是否有效促进了学生道德品质的提升与德育共同体的构建，还需重视评价方式的多元化与创新性。通过引入老师评价、同伴评价、自我评价等多种评价方式，构建一个横向联结的多维度评价体系，帮助学生从不同角度审视自我，发现个人优势与成长潜力，同时也认识到自身的不足与改进方向。中医院校应积极打造完善的软件文化育人评价体系，持续推动中医院校德育工作的深入开展，让学生在文化的浸润中不断成长，在实践的反思中持续进步，为构建横向连接的多维育人评价体系奠定坚实基础。

二、纵向衔接的全程育人评价，实现过程性育人

中医院校在构建德育共同体建设评价体系时应多层次对比分析学期前后共同体建设过程中德育状况的变化。这一过程不仅是对学生品德成长轨迹的细致描绘，更是对德育共同体建设成效的精准把脉。通过持续跟踪观察与全面评估，中医院校能够确保德育工作的连续性与实效性，避免断层与脱节。这一评价体系能够对学生品德塑造的全过程给予深切关注，从源头到终端，每一环节都紧密相连，形成纵向衔接的育人链条，最终构建起一个纵向衔接的全程育人评价，实现过程性育人。

（一）过程性评价

过程性评价旨在细致描绘学生在德育共同体建设中，跨学期、多维度的成

长脉络。这要求评价者不仅审视课程德育的成效，观察学生是否在知识汲取与价值观塑造上有所进步，更需潜入生活德育的细微之处，洞察学生日常行为中道德风貌与生活习惯的积极蜕变。鉴于网络空间的日益重要，评价还需触及网络德育层面，通过分析学生在网络交流、信息共享等活动中的言行变化，评估其网络素养与道德自律能力的成长轨迹。

过程性评价还需将学生的日常表现纳入评价范畴，确保评价的全面性与客观性。中医院校应建立一套完善的监测—评价—反馈—交流改进体系，实时跟踪学生在学习过程中的积极追求与成长轨迹，及时发现问题并给予指导。这一体系不仅关注学生的学习成果，更重视其在学习过程中的努力与进步，鼓励学生自我反思与持续改进。过程性评价突出其长期性特点，避免仅凭单次考试或短期表现来评判学生的德育水平。通过持续不断的观察与详尽记录，中医院校能够更加准确地把握学生的成长轨迹与变化趋势，为制定更加科学、合理的德育策略提供有力支持。

（二）基于大数据的成长性评价

在构建纵向衔接的全程育人评价体系中，基于大数据的成长性评价发挥着至关重要的作用。这一评价体系是指在深度融合过程性评价理念的基础上，通过大数据技术的赋能，实现对学生从入学到毕业乃至更长时间跨度的全面、持续跟踪。通过大数据赋能，确保对德育共同体建设评价的连续性和动态性。在德育共同体建设的评价体系中，大数据技术的深度融入与赋能，为确保评价的连续性与动态性提供了强有力的支撑。通过构建基于大数据的德育评估平台，能够实时采集、整合并分析学生在德育共同体建设中的多维度数据，包括每个学生在不同学习阶段的初始基础数据和成长数据，这不仅仅局限于学业成绩的量化数据，更涵盖了他们的兴趣爱好、性格特质等多维度的非量化信息。通过设置学生不同成长阶段道德水平及综合素质的增值情况对比，学校能够绘制出一幅详尽的成长轨迹图，清晰展现每位学生在德育领域的点滴进步与显著成长。这种评价方式超越了单一的结果导向，转而聚焦于学生发展的全过程，强调在比较与反思中促进学生的自我认知与自我激励。它不仅鼓励学生正视并珍惜每一分成长，更激发了学生勇于挑战自我、追求卓越的动力。在此评价体系下，每个学生都能根据自身特点与优势，制定个性化的成长目标，从而在德育共同体建设中实现全面发展与个性绽放的和谐统一。

评价的连续性和动态性让实时追踪学生在德育共同体建设中的每一个细微变化与成长轨迹成为可能，实现了对德育成效的连续追踪与精准刻画。这一过程不仅打破了传统评价方式的时空限制，还使得评价视角从静态转向动态，能够即时反映德育共同体建设的进展与变化。大数据的预测分析能力进一步助力，通过挖掘数据背后的潜在规律与趋势，为德育共同体建设的调整与优化提供科学依据，确保德育共同体建设始终沿着科学、高效的轨道前行。

三、以人本主义为指导，构建以学生为本的评价体系

德育评价是德育共同体建设的指挥棒。德育本身的复杂性决定了其评价体系不同于智育等评价，除了涉及认知领域的评价，还深入触及学生的价值取向、情感体验、道德意识及行为表现等核心层面，要求采用更为全面、深入且富有启发性的评价方式。学校德育评价旨在唤醒大学生的道德自觉，启迪大学生的道德智慧。评价体系决不能忽视大学生的主体地位，不能只关注冰冷的数字符号，尤其是"当学生的品德被转化为数字化的分数后，学生的个性就被淹没了，非人格化的数字最终抹杀了人的生命，学生生动活泼的个性最终被淹没于各种表格和数据的'冰窟窿'中，因材施教的教育原则和道德教育应有的人文关怀遂泯灭于一个个冷冰冰的数字之中"。[1] 鉴于此，中医院校德育共同体评价体系构建必须从传统的框架中跳脱出来，转向人本主义视角，聚焦于大学生本体及其个性化成长轨迹。

以人为本的评价体系"以人的价值为出发点，尊重学生的道德主体性，主张通过多元化的方式全面把握学生道德成长特点和需要的信息，并在评价者与评价对象之间的互动、交流中实现意义建构"。[2] 人本主义取向的评价范式倡

---

[1] 尹伟. 道德量化评价对学校道德教育的消极影响 [J]. 思想理论教育，2012(20)：53–57.
[2] 陆启越，余小波. 高校德育评价范式及其转变 [J]. 湖南师范大学教育科学学报，2018(2)：103–108.

导将大学生视为拥有独立思想、情感与个性的完整个体。此范式强调，必须尊重大学生的道德主体地位，维护其人格尊严与独特特质，避免任何形式的单一化评价。它聚焦于学生的学习历程，通过细致观察与深入交流，揭示学生在知识获取、情感体验及道德实践中所展现的真实面貌。在这一过程中，教师不仅是知识的传授者，更是学生心灵的引导者与伙伴，双方的积极互动为学生道德行为的全面展现提供了肥沃土壤。基于这些动态、多维的观察结果，对学生进行价值判断，并合理解释其独特特质，旨在促进每位学生的个性化成长与全面发展。

构建以学生为本的评价体系，中医院校需立足办学实际，推动德育理论与德育评价实践相结合。一是中医院校应充分挖掘自身资源，德育领导小组与评价部门需整合学科、人才及管理优势，打造本土化、特色化且贴近学生需求的德育评价理念与模式。二是加大对德育评价工作者的培训力度，深化其对德育目标的理解，提升其综合素质与专业能力，确保评价工作高效且富有成效。三是德育专家、一线教师及辅导员等共同体主体需强化理论研究，坚持"以学生为本"的核心价值，秉持"评价促进发展"的原则，注重评价的个性化与差异性，通过评价激发学生的道德潜能，促进其全面发展，让评价回归德育本质，而非仅仅停留于分数评判的层面。

（一）评价主体方面

在评价主体上，传统的一元评价模式已难以满足全面、客观评估学生德育素养的需求。中医院校应积极构建包含教师评价、朋辈评价、自我评价在内的多元主体评价系统，以更全面地反映学生的道德成长轨迹。自我评价鼓励学生自我反思，提升自我认知；朋辈评价则通过同龄人的视角，促进相互学习与监督；教师评价则依托专业视角，给予权威指导。

中医院校应努力构建多元评价主体，适时引入社会评价这一维度，通过实习单位、志愿服务机构等社会力量的反馈，直接了解社会对学生的接纳程度及其实践中的道德表现，从而进一步丰富评价内涵，增强评价的实用性和前瞻性。

一是学校相关办公室、学工等部门应发挥引领作用，做好顶层设计，致力于构建一个多元化、协同性的德育共同体建设评价主体体系。这一体系应广泛吸纳思政课教师、辅导员、专业课教师及学生等多方参与,确保德育共同体评价工作的全面性和深入性。多方主体共同参与、通力合作,有效推动德育评价主体的多元化发展,提升德育共同体工作的实效性与全面性。二是学校可以通过"点对点"等方式,主动与社区、公益组织等社会单位建立紧密的联系与合作机制,让社区等社会单位能够直接参与到德育共同体建设的评价中来。通过细致观察学生在实践活动中的具体表现,如责任心、团队协作、奉献精神等,社区等社会单位能够给予客观、公正的德育评价,为学校的德育共同体评价体系提供宝贵的外部视角和实证依据。

(二)评价方法方面

在评价方法上,中医院校应在尊重大学生主体地位的基础上,采用多样化的手段推动大学生道德认知的深化、道德情感的激发、道德行为的践行及道德习惯的养成。这包括设计细致的调查表以捕捉学生道德观念的变化,利用成长记录袋追踪其道德成长的轨迹,以及通过访谈记录深入了解学生的道德情感与态度。多样化的评价方法既要涵盖定性评价如道德情感、态度等主观层面,也要融入定量评价,将道德认知等可量化的指标进行科学统计与分析。要精准把握"定性"与"定量"的平衡,确保评价体系既能准确反映学生内在的道德品质,又能通过数据直观展现其道德成长的成效,从而全面、客观地评价德育共同体建设,推动其深入开展。

(三)评价过程和结果方面

在评价过程与结果的处理上,中医院校应秉持人本主义理念,倾向于运用丰富、细腻的描述性和解释性语言,以替代传统单一的"优、良、中、差"等诊断性标签。应注意在从静态的诊断性评价向动态的发展性评价迈进,评价不仅是对学生当前道德表现的一个简单判断,更是着眼于学生的未来成长与全面发展。通过深入剖析每位大学生的道德主体特性及其成长需求,评价者能够提供一份个性化的、富有建设性的道德发展报告。这份报告不仅是对学生道德现状的客观反映，更是基于对其道德潜力与成长空间的深刻洞察，旨在激励学生自我反思、自我完善，促进其道德品质与综合素养的全面提升。

四、积极引入现代信息化手段，提高评价体系工作效率

（一）信息化德育共同体建设评价体系构建

随着现代科技的飞速发展，中医院校德育共同体建设评价体系也应与时俱进，积极拥抱数字化、信息化的浪潮，积极构建一个高效、全面、互动的信息化德育共同体建设评价体系。通过搭建德育评价网络信息平台，中医院校可以打破了传统评价方式的时空限制，使得德育共同体建设评价工作更加便捷、高效。这一平台不仅集成了先进的数据处理与分析功能，还具备高度的可定制性和可扩展性，为德育共同体建设评价提供强大的技术支持。

在这种信息化平台上，中医院校不仅能够通过网络平台强调德育的重要性，在潜移默化中给予学生积极向上的影响，同时还能够在网络平台上进行德育共同体建设评价工作，让各方主体都能通过网络平台参与到德育评价中来，形成多元化的评价主体结构。这种全方位、多角度的信息化评价平台，不仅使得评价结果更加客观、公正，还促进了各方主体之间的沟通与理解，为德育工作的深入开展奠定了坚实的基础。

（二）评价效率与真实性的双重提升

通过网络技术的广泛应用，中医院校能够构建快速响应的评价体系，使得德育工作人员能够即时获取并整合各类评价信息，极大提升了工作效率。这种高效率不仅体现在数据处理的速度上，更在于能够迅速反馈评价结果，为德育工作的及时调整提供有力支持。

网络平台的匿名性与透明度有效打破了传统评价中因情面而难以启齿的束缚，鼓励教师、家长及学生等多元主体敢于表达真实看法，从而显著增强了评价的真实性。这种真实性的提升，为高校全面了解学生德育状况、精准施策提供了坚实的数据支撑。德育工作人员的工作模式智能化转型网络技术应用的一

大亮点。借助智能工具与平台，德育工作人员能够更加便捷地管理评价信息，实现对学生德育发展的个性化关注和精准指导，进一步推动了德育共同体建设的精细化与科学化。

第三节　评价工作的改革

中医院校德育共同体评价工作的改革是德育理念创新的本质需要，更是进一步提升中医院校德育实效、实现中医人才培养价值增值的现实要求。在评价工作实践中，中医院校应紧紧围绕学科特色，细化德育目标分类，确保评价工作精准对接学生成长需求与专业发展方向。积极汇聚校内外各方力量，形成评价合力，共同参与到德育共同体建设评价的全过程中，以增强评价工作的广泛性与权威性。通过系统整合德育诸要素，优化评价流程与方法，构建起更加科学、全面、高效的评价体系，从而有效提升评价工作改革的质量与效果，为中医院校培养更多德才兼备的中医人才奠定坚实基础。

一、把握差异性，引领特色发展

中医院校德育共同体评价工作应紧密对接国家发展战略与市场需求，精准聚焦于培养学生的爱国情感、塑造坚韧的思想品质、提升高尚的道德素质及锤炼专业的职业素养等关键目标。评价体系的构建，需充分考虑学生成长的阶段性特征与层次性差异，既要遵循大学生身心发展的自然规律，又要兼顾中医专业学生特有的职业路径与个性需求。这意味着评价工作需跨越时间界限，从新生入学到毕业就业，全程关注学生成长变化；打破年级与专业壁垒，理解并尊重每位学生在不同阶段的独特需求与潜能。

中医院校应坚定不移地落实"立德树人"作为根本任务，将其深度融入专业中医人才培养的全过程，确保德育与专业教育相辅相成、相得益彰。学校的办学定位与德育共同体建设评价目标应相互支撑，共同引领中医人才培养的价值取向。同时，勇于探索评价机制的创新，以更加灵活多样的方式激发德育工作的活力与创造力。构建适合中医院校的德育共同体评价体系，需以学校为主体，积极寻求行业支持，形成内外联动的良好格局。评价体系的设计，应紧密围绕中医学科特色与德育目标，既体现普遍性要求，又彰显个性化差异。从评价体系长远视角出发，中医院校应将学生德育发展需求分层次、分类别，深度结合价值引导，构建德育评价目标体系。

二、以评促学，提升增量评价

中医院校德育共同体建设评价体系以培养卓越中医人才为主线，关键在于激发学生的内在动力和自觉性，通过评价的实施促进学生自身学习和成长，使德育共同体建设评价体系实现从理论到实践的良性循环。中医院校应主动将学科特色融入德育共同体建设评价体系中，从评价目标、评价过程、评价效果、评价监督、学生自律度等方面着手，确保评价工作不仅仅限于理论层面，实现以评促学。学生作为评价体系的直接参与者和最大受益者，其主体地位应得到充分尊重。通过增强评价中的互动性和即时反馈机制，让德育评价成为促进学生持续学习与自我提升的有效工具，确保评价内容入脑入心、见行见效。

为实现这一目标，中医院校还需推动德育评价视角的转变，从传统的教师单向评价转向学生自评、互评以及社会评价相结合的多维评价体系。这要求评价体系紧密关联社会需求，注重理性分析，并关注学生长期、可持续的增量发展。通过引入科学的评价监测体系，构建起评价、改进与监督三者紧密相连的闭环模式，确保德育共同体建设评价工作全面又深入，真正落地见效。

三、协同推进，助力人才培养

中医院校德育共同体建设评价体系的核心在于协同合作，强调系统性与全面性并重，立足中医学科特色，突出职业发展、专业能力提升及全面人才培养。在评价工作开展过程中应注意整合校内外各类资源，推进各方力量同向同行，共同推动学生德育素质的显著提升。构建积极向上的德育环境，促进各参与方分工明确、协作紧密，是实现德育资源集约化利用、提升德育工作成效的关键。不断革新德育评价机制，搭建起协同育人的实践平台，为培养德才兼备的中医人才奠定坚实基础。

深化中医院校德育评价广度与育人深度，是推动德育共同体建设评价改革持续向前的动力源泉，有利于引导评价工作着眼长远，紧密对接国家经济发展对中医药人才的需求，构建可持续发展的长效机制。要注重德育评价主体、目标、资源及机制的协同发展，不断加强德育共同体评价体系建设，确保中医院校德育工作的高质量推进。通过磨合不同德育主体间的整体关系，促进充分沟通与深度融合，实现德育共同体建设评价体系与机制的有机联动，为中医院校德育共同体建设评价的顺利实施提供保障，推动"立德树人"根本任务的深入落实。

第八章　总结与展望

第一节　研究总结

一、中医院校德育共同体建设必须适应新时代的变化

（一）中医院校德育主体的新变化

随着高等教育改革的深化，德育的主体已然发生了重要变化，逐渐由原来的单一主体发展为多元主体，这为德育共同体的形成奠定了重要基础。德育共同体成员主要包括教师、学生、行政管理人员及后勤服务人员等群体。

1. 教师群体

无论是深耕学科教学的专业老师还是专注思想道德教育的德育教师，他们在传授理论知识的基础上，通过课堂德育和实践德育致力于塑造学生的政治信仰、社会公德、职业道德及生活美德，培养出一批批具有爱国情怀、勇于担当的未来栋梁。

2. 管理人员群体

管理人员群体主要包括行政管理人员、教学教务与学生管理人员、网络技术与管理人员等，他们不仅负责日常校园的秩序维护，更肩负着"管理育人"的使命，他们通过团体德育、角色德育、网络德育等引导学生形成对规则的敬畏和对善的追求。

3. 服务人员群体

服务人员群体主要包括学校的餐厅、宿舍、环卫等服务人员，他们承担着"服

务育人"的任务，主要通过生活德育等创造温馨、和谐、积极向上的校园环境，通过细致入微的服务，在潜移默化中影响学生、教育学生，激发他们对美好生活的向往与追求。

4. 学生群体

学生群体是德育目标的终极指向，更是高校德育的重要主体。在学校里，他们不仅是接受教育的对象，更是主动探索、自我管理的主体。面对成长的挑战，学生们勇于承担自我管理、自我教育与自我成长的重任，为实现个人价值与社会进步贡献力量。

（二）中医院校德育共同体建设场景的新变化

德育建设场景的演变，是时代进步与教育理念深化的必然产物。随着德育理论的日益成熟与互联网技术的飞速发展，德育不再局限于传统的课堂框架之内，而是向更加广阔、多元的生活与网络空间延伸。德育共同体建设的多维场景涵盖了课堂、生活与网络三大板块，三者相互交织，共同构建一个全方位、立体化的德育生态系统。大学生们在这样的场景中，自然而然地接受德育的滋养，将德育内容内化为自身的价值追求，外化为日常的行为习惯，从而高效实现德育目标。

1. 课堂场景

课堂作为高校德育的主要阵地，承载着传授道德知识与价值观念的重任。教师可以运用丰富多样的教学手段，如案例分析、角色扮演、小组讨论等，将抽象的德育理论转化为生动具体的课堂实践，让学生在积极参与中感受到道德的力量，从而在心灵深处受到熏陶与感化。

2. 生活场景

生活环境是高校需要重点建设的环境。中医院校应积极打造一个充满正能量、积极向上的生活场景，通过组织各类实践活动、志愿服务、文化沙龙等，让学生在真实的生活情境中体验道德的力量，实现知识的内化和情感的共鸣，促进自我全面发展。

3. 网络场景

中医院校必须高度重视网络德育工作，积极占领这一思想政治教育的新阵地。通过建立健全网络德育机制、加强网络文化建设、开展网络道德教育等方式，引导学生树立正确的网络道德观念，提高网络素养和辨别能力，让网络成为中医院校德育共同体建设的新平台、新动力。

（三）中医院校德育共同体建设路径的新变化

在中医院校德育共同体建设中，随着德育主体的变化和德育场景的调整，德育共同体建设路径正经历着显著的新变化。传统德育路径已逐步向更加全面、深入的方向拓展，构建起以身份德育为基石、集体德育为纽带、实践德育为桥梁的立体化体系，强化了德育的针对性和实效性。通过身份德育，学生能够更加深刻理解德育的真谛；集体德育则让学生在团队合作中学会协作与奉献；而实践德育则让学生在实践中锤炼品德。这一系列新路径的探索与实施，为中医院校德育共同体的建设注入了新的活力与动力。

二、中医院校德育共同体的本质要求与内在逻辑

（一）德育共同体的本质要求

1. 道德责任

道德责任就是中医院校德育共同体建设的本质要求。中医院校德育共同体建设不仅强调教师和学生的道德责任，更强调学校内部不同主体的群体道德责任及大学作为共同体本体的道德责任。在德育共同体内中，各主体间的交流、互动、对话与合作成为常态，共同构成了践行道德责任的重要途径。通过自我反省与教化，每一成员都积极审视自身行为及其后果，勇于承担道德责任。这一过程不仅促进了个人品德的提升，更推动了整个共同体的和谐共进，实现了多元主体在德育实践中的共同成长与发展，彰显了道德责任作为德育共同体本质要求的深远意义。多元主体的道德责任具体如图8-1所示。

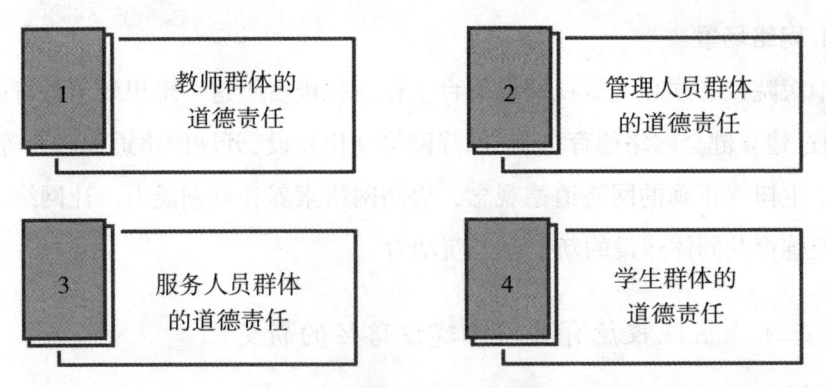

```
┌─────┐    ┌──────────────┐      ┌─────┐    ┌──────────────┐
│  1  │───▶│ 教师群体的    │      │  2  │───▶│ 管理人员群体  │
│     │    │ 道德责任      │      │     │    │ 的道德责任    │
└─────┘    └──────────────┘      └─────┘    └──────────────┘

┌─────┐    ┌──────────────┐      ┌─────┐    ┌──────────────┐
│  3  │───▶│ 服务人员群体  │      │  4  │───▶│ 学生群体的    │
│     │    │ 的道德责任    │      │     │    │ 道德责任      │
└─────┘    └──────────────┘      └─────┘    └──────────────┘
```

图 8-1　多元主体的道德责任

（1）教师群体不仅承担着传授专业知识与技能的教学任务，更肩负着培育学生良好品格、塑造健全灵魂的崇高使命。在德育共同体建设中，教师通过精心设计的课堂德育教学活动及丰富多彩的实践德育体验，积极发挥教育引导的作用，引领学生树立正确的价值观念和道德信仰。他们以身作则，树立自身的道德榜样作用，引导学生深刻理解并认同社会主义核心价值观，激励学生勇于承担实现中华民族伟大复兴的历史重任。教师自身也在这一过程中实现了师德师风的自我提升，促进了个人与专业的共同发展，承担起了属于自身的道德责任。

（2）管理人员群体包括行政管理人员、教学教务与学生管理人员、网络技术与管理人员等，肩负着管理育人的崇高使命。在日常工作中，他们通过精细化的组织建设，强化学生的思想道德引领，并精心设计制度框架，确保校园秩序井然，引导学生树立对规则的敬畏之心，激励他们不断追求"善"。管理人员群体致力于推动民主管理让每一位师生都能参与到校园治理中来，为构建一个和谐、向上、追求共同善的校园环境提供坚实的制度保障与人文环境。

（3）服务人员群体主要包括学校各类后勤服务人员，他们是校园日常运作的坚实后盾，承担着服务育人的任务。他们通过创造和维护校园内的学习空间、生活环境及休闲娱乐设施，为学生营造了一个温馨、舒适且富有教育意义的成长空间。他们注重细节，以高品质的服务标准和积极向上的工作态度，不断提升自我形象与工作作风，用实际行动诠释着生活德育的真谛。在这个过程中，服务人员群体以身作则，潜移默化地影响着学生，陶冶着他们的道德情操，为培养德智体美劳全面发展的社会主义建设者和接班人贡献着力量。

（4）学生群体既是德育的对象也是德育的主体，是德育活动的直接参与者和德育目标的实践者。他们在德育共同体中通过积极的价值认同过程，深化对社会主义核心价值观的理解与认同；在自我反省中，不断审视与提升个人道德修养；在榜样借鉴中，汲取正能量，树立崇高道德追求；通过丰富的实践活动，强化道德责任与集体归属感。在这一过程中，学生群体不仅展现出当代大学生积极向上的精神风貌，更以实际行动践行社会主义核心价值观，勇于承担起实现中华民族伟大复兴的时代使命。还肩负着自我管理、自我教育与自我成长的神圣使命。他们通过自我驱动，不断提升个人能力与素养，形成独立思考与自我完善的能力。

2. 不同场景的道德责任

德育共同体的道德责任不仅体现在互为主客体的共同体成员间，要求每位成员都承担起促进彼此道德成长的责任；更体现在共同体内部多元主体面对不同场景时的道德自觉。无论是课堂内的知识传授与人格塑造，还是校园生活中或是网络社会中的日常交往与活动参与，每个主体都需根据具体情境，积极履行相应的道德义务，共同维护并推动德育共同体的和谐发展。

（1）教师和学生在课堂中的道德责任。课堂作为德育共同体建设的重要场景，承载着学术知识体系的系统构建，是传播理论和引领思想的重要阵地。在课堂内，教师与学生以学术对话的形式，共同参与知识的探索与创造过程，形成了独特的学术共同体文化。学生间则通过学术合作与交流，促进了知识的深度整合与跨界融合，展现了学术共同体的协同创新能力。课堂以其深厚的学术底蕴与丰富的教育资源，成为了培养学生道德品质与人文素养的"德育教场"与"德育空间"。课堂中德育活动深度融合于学术活动之中，通过学术研讨、案例分析、角色扮演等多种方式，实现了对学生道德认知、道德情感与道德行为的全方位培养。课堂因此成为了实现全过程、全方位育人的重要平台，为推动学生全面发展与成长成才提供了强有力的学术支撑。

（2）教师、学生、管理人员和服务人员在生活中的道德责任。中医院校学生的校园生活环境本质上是一个紧密相连、多元共生的共同体，其中蕴含着丰富的德性资源与潜在的教育价值。作为人类生活的一种高级形态，共同体不仅是物理空间的聚合，更是精神世界的交汇，是德性得以生长与展现的沃土。大学生活环境作为共同体的重要场景，通过教师、学生、管理人员及服务人员等多元主体的深度互动与协作，构建了一个充满活力与创造力的德育生态系统。这一系统超越了传统课堂的界限，将德育融入学生的日常生活之中，通过实践体验、情感交流、价值认同等多种方式，促进了学生道德认知的深化与道德行为的养成。在这一过程中，多元主体相互启发、共同进步，不仅弥补了知性德育与专业知识教育的不足，更实现了个体与共同体之间的和谐共生与共赢发展。

（3）教师、学生、管理人员在网络社会中的道德责任。网络社会是随着信息技术的发展而形成的一种新型社会关系形态，其本质是由具有共同信念、追求共同价值目标及共享兴趣爱好的网络群体，在虚拟空间内通过频繁互动构建而成的稳定共同体。在这个虚拟而又真实的场景中，教师与学生、管理人员与学生、学生之间跨越了物理界限，以网络为媒介，进行着广泛而深入的交互、对话与交流。在网络场景中传播社会主义核心价值观，强化大学生对当代中国主流思想的自信与认同，显得尤为重要。网络社会不仅为这些价值观念的传播提供了便捷高效的平台，也促使大学生在参与网络互动的过程中，通过思想碰撞与情感共鸣，加深对主流思想的理解与接受。中医院校应当积极利用网络社会的这一特性，创新德育方式，拓展德育渠道，引导大学生在网络世界中树立正确的世界观、人生观和价值观，增强学生对当代中国主流思想的自信和认同。

（二）中医院校德育共同体的内在逻辑

中医院校不仅是基于共同的目标愿景而相互合作、共享资源的学习共同体，更是一个集体协同生成的实践共同体。它强调集体协同，将集体协同作为德育共同体的内在逻辑，倡导自主参与激发德性的自然生长。从本质上来讲，这种集体协同是依托学习进行的，是师生共同成长、共同发展的过程。师生在相互启迪中共同进步，于实践中探索，在学习中成长，共同绘制着德育共同体建设的宏伟蓝图。集体协同具有三个核心要素，具体如图8-2所示。

第八章　总结与展望

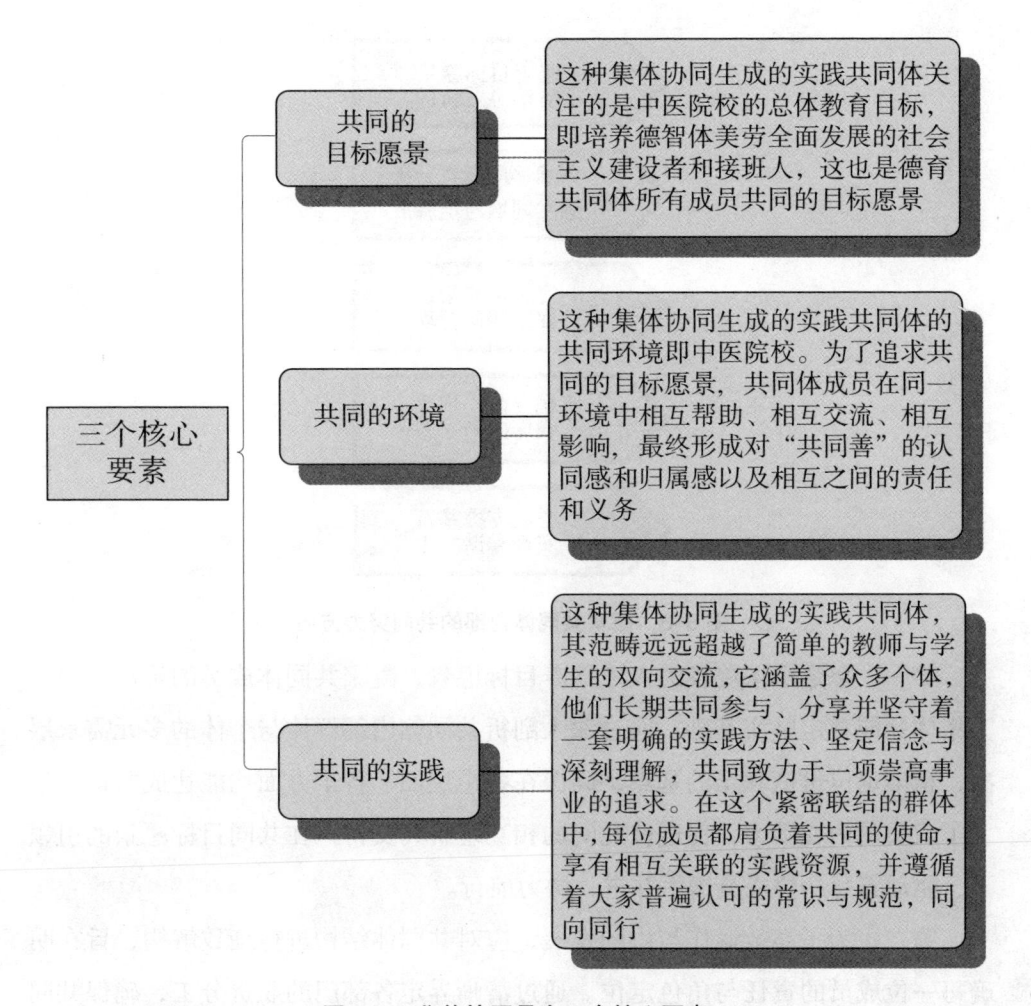

```
                    ┌──────────┐    ┌─────────────────────────────┐
                ┌───│ 共同的    │────│ 这种集体协同生成的实践共同体关  │
                │   │ 目标愿景  │    │ 注的是中医院校的总体教育目标，  │
                │   └──────────┘    │ 即培养德智体美劳全面发展的社会  │
                │                   │ 主义建设者和接班人，这也是德育  │
                │                   │ 共同体所有成员共同的目标愿景    │
                │                   └─────────────────────────────┘
                │
                │                   ┌─────────────────────────────┐
   ┌────────┐   │   ┌──────────┐    │ 这种集体协同生成的实践共同体的  │
   │ 三个核心│   │   │ 共同的    │    │ 共同环境即中医院校。为了追求共  │
   │ 要素   │───┼───│ 环境      │────│ 同的目标愿景，共同体成员在同一  │
   └────────┘   │   └──────────┘    │ 环境中相互帮助、相互交流、相互  │
                │                   │ 影响，最终形成对"共同善"的认    │
                │                   │ 同感和归属感以及相互之间的责任  │
                │                   │ 和义务                      │
                │                   └─────────────────────────────┘
                │
                │                   ┌─────────────────────────────┐
                │                   │ 这种集体协同生成的实践共同体，  │
                │                   │ 其范畴远远超越了简单的教师与学  │
                │                   │ 生的双向交流，它涵盖了众多个体，│
                │   ┌──────────┐    │ 他们长期共同参与、分享并坚守着  │
                └───│ 共同的    │────│ 一套明确的实践方法、坚定信念与  │
                    │ 实践      │    │ 深刻理解，共同致力于一项崇高事  │
                    └──────────┘    │ 业的追求。在这个紧密联结的群体  │
                                    │ 中，每位成员都肩负着共同的使命，│
                                    │ 享有相互关联的实践资源，并遵循  │
                                    │ 着大家普遍认可的常识与规范，同  │
                                    │ 向同行                      │
                                    └─────────────────────────────┘
```

图 8-2　集体协同具有三个核心要素

要实现德育共同体内部不同群体和个体的集体协同，需要教师、学生、管理人员、服务人员及其所属部门的共同努力，具体如图 8-3 所示。

171

```
┌─────────────────┐
│ 坚定目标愿景    │
│ 驱动协力前行    │
└─────────────────┘

┌─────────────────┐
│ 明确部门职责分工│
│ 激发同域潜能释放│
└─────────────────┘

┌─────────────────┐
│ 完善沟通渠道    │
│ 促进协同行动    │
└─────────────────┘

┌─────────────────┐
│ 确立统一规范    │
│ 确保同向发力    │
└─────────────────┘

┌─────────────────┐
│ 夯实支撑基石    │
│ 实现和谐共生    │
└─────────────────┘
```

图 8-3 德育共同体内部的共同努力方向

第一，坚定中医院校的人才培养目标愿景，凝聚共同体成员的价值共识，为集体协同奠定坚实基础。通过深入剖析共同体内部群体与个体的多元需求层次，精准定位价值联结的基点，确保在各个层面、各个方面均能达成共识，激发了成员的内在动力，促进彼此间的相互理解和支持。在共同目标愿景的引领下，驱动着每一位成员携手并进，协力前行。

第二，为了高效运作与协同发展，应对共同体结构进行细致解构，旨在明确每一位成员的责任与角色定位。通过清晰界定各部门的职责分工，确保共同体成员在同一功能场域都能发挥自己的作用，激发潜能释放，强化成员间的功能联结关系，实现资源的最优配置。

第三，共同体的核心生命力源自其紧密的社会关系网络，应致力于优化成员间的联系，构建高效、多元的沟通渠道，实现共同体成员的协同行动。这不仅要求我们从单一的事件沟通转向全程沟通，确保信息流通的连续性与及时性，更倡导成员从被动参与转变为积极投入，激发内在动力与责任感，并努力从表面交流过渡到深层沟通，促进相互理解与信任，将此沟通机制贯穿于大学教育教学的全过程。

第四，确立统一规范，是共同体稳健前行的基石，其核心在于确立平等独立、相互尊重与包容互补等原则。这些规范不仅强化了成员间的相互信任，为深入交流与合作铺设了坚实的道路，更在无形中构建了一个和谐共生的环境。在统一规范下，共同体成员能够基于共同的行为准则，同向发力，减少分歧与摩擦，高效协同，确保每一步努力都汇聚成推动德育共同体建设的强大合力。

第五，中医院校德育共同体的良性运行离不开坚实的理论、政策及社会环境支撑。为了实现德育共同体与社会的协同发展，中医院校需要深化德育共同体理论构建，为其实践探索提供明确指南与强劲动力；积极争取政府政策引导与经费保障，为共同体发展提供坚实后盾；以公共意志为桥梁，广泛凝聚社会各界力量，形成强大合力，推动德育共同体与社会各领域的深度融合，争取更为广泛的社会支持，最终实现德育共同体与社会的和谐共生。

三、打造"多元一体"的德育共同体

（一）做好顶层设计，夯实多级联动的筑德机制

在中医院校德育共同体建设的推进中，首要任务是构建科学完善的顶层设计框架。学校层面应成立德育工作领导小组，采用高效的联席会议机制，确保决策迅速、执行有力；积极与公安、宣传等社会部门建立紧密的协调联动机制，形成多方合力，共同营造良好的德育环境；广泛吸纳专家学者及一线教师的智慧，组建德育工作指导委员会，借助高端智库的专业力量，为德育工作的规划与实施提供科学指导与策略支持。

（二）做好全学科融合工作，打造正德课程体系

充分发挥课堂的德育主阵地作用，确保思政教师队伍的专业化，强化思政课程的深度与广度，巧妙融合"德育+主题活动"，促进德育与实践的紧密结合，推动德育工作的系统化与一体化进程。注重提升专业课教师的德育素养，将德育元素自然融入专业课程教学中，形成"课程门门有德育，教师人人讲育人"的良好氛围，确保"德育为首"的理念贯穿于教育教学全过程，做好全学科融合工作，打造正德课程体系。

（三）建设"以德育人，以文化人"的德育文化环境

中医院校应大力开展校园文化建设，办好高质量校报校刊，利用校园广播平台，传播正能量，弘扬中医文化精髓与社会主义核心价值观。对校园内的广场、图书角、文化亭廊等进行精心设计与改造，使之成为思想道德教育与传统文化传承的生动课堂，让学生在潜移默化中接受熏陶，实现"春风化雨，润物无声"的教育效果。学校还应进一步完善班级管理制度，特别设置德育专栏，定期展示学生德育成果与先进事迹，激发学生的道德情感与责任感，共同营造一个和谐向上、崇德向善的校园文化氛围。

（四）做好实践活动的引入及实施，构建德育实践协同模式

1. 构建以德育为出发点的协同育人格局

为构建以德育为出发点的协同育人格局，学校需明确并细化各部门的职责定位与功能区划，确保各环节间形成无缝对接、高效协同的工作网络，确立"学校为主导、学院为主体"与"学校为主导、学生为主体"并重的工作协同方针。"学校为主导、学院为主体"的协同方针，旨在强化学校层面的政策引领与宏观指导，确保学校资源的优化配置与战略导向，同时赋予学院更大的自主权与责任感，使之成为育人工作的坚实阵地，形成上下联动、内外互补的育人合力。"学校为主导、学生为主体"则进一步强调了教育的人本关怀，即在系统化教育框架下，注重学生的个性化发展，通过规范管理与贴心服务，激发学生的自我探索与实践能力，引导学生自觉思考、自主学习、自行实践，尊重学生的主体地位，满足学生的成长诉求。

2. 构建以实践为全过程的协同育人格局

实践德育作为德育共同体建设的关键环节，需全方位整合德育资源，实现内容、方法与载体的深度融合。中医院校应致力于构建一个覆盖专业教学、实践教学、思政教育及心理健康教育的全方位协同育人框架，确保德育实践贯穿于学生成长的每一个阶段。通过强化第二课堂与第一课堂的互补互促，关注学生的学术与专业素养，重视职业素养与创新能力的培养，形成素养全面提升的

良性循环。学校还应积极促进课内与课外两个课堂的有机融合，打破传统界限，让学生在广阔的社会实践中锤炼品德、增长才干，实现全员参与、全方位覆盖、全过程贯穿的协同育人新局面。

（五）加强网络德育建设，构筑德育共同体建设新高地

1. 加强宣传，通过高校官方网站、公众号等自媒体进行德育工作宣传

通过高校官方网站、微信公众号等自媒体矩阵，中医院校可以构建一个全方位、多层次的德育宣传网络。一是及时、透明地公示高校德育工作的最新成效与亮点，让师生及社会各界能够直观感受到德育工作的成果，增强对德育工作的认同感和支持度。深入挖掘并树立学生中的德育典型，如那些热爱助人、积极向上、团结友爱的学生代表，通过他们的故事和事迹，激发同学们的共鸣与效仿，实施朋辈教育。二是创新德育宣传形式，利用互联网平台打造更具吸引力和互动性的宣传内容。如发起德育宣传短片创作大赛，鼓励学生自编自导自演，以新颖的视角和生动的形式展现德育主题；或者开展校园德育故事采访活动，随机采访师生，收集并分享那些令人印象深刻的德育瞬间，通过新媒体平台广泛传播，让德育理念深入人心。三是可以采取公开招募的方式，组建一支由学生组成的德育宣传志愿者队伍。这支队伍将成为连接学校与学生之间的桥梁，负责策划并执行各类德育宣传活动，如主题讲座、研讨会、展览等，同时积极参与新媒体平台的内容创作与推广，确保德育宣传工作的持续性和有效性。通过强调学生的参与感和主人翁意识，激发他们传播正能量、弘扬德育精神的热情与责任感。

2. 加强网络平台管理，弘扬网络正能量，提升学生网络文明素养

为应对当前网络平台的复杂化、多样化，中医院校在构建德育共同体时需强化管理，弘扬网络正能量，提升学生网络文明素养；整合网络平台资源，确保内容思想一致，利用融媒体优势促进德育工作开展；开展网络文化活动，传播正能量，滋养学生心灵，培养其健康上网习惯与信息辨别能力；创新载体，紧跟科技与社会热点，以贴近学生的方式开展思政工作；建立网络德育资源库，汇聚正面信息，推动德育工作信息化转型。教师可以利用网络沟通便捷性，与

学生平等交流，打破隔阂，促进真心话语交流，增强德育实效，构建和谐师生关系。

四、德育共同体工作队伍的打造

高等院校德育工作者承载着国家、社会及千万家庭的厚望，肩负着塑造未来人才品德的重任。在全球化大平台、文化大交融的背景下，中医院校德育共同体工作队伍建设尤为关键。为打造高水平队伍，中医院校必须深入贯彻"立德树人"理念，敏锐洞察新形势下的德育需求，积极研究新情况，勇于解决新问题；应坚定不移地树立"以人为本"的核心理念，关注学生的全面发展；秉持"与时俱进"的精神，紧跟时代步伐，创新德育方法；践行"大德育"观念，将德育工作融入学生学习生活的方方面面，形成全方位、多层次的德育体系，促进学生的全面发展。

（一）牢牢树立和坚持人本理念

高校德育工作队伍建设需牢牢树立并坚持人本理念，将"人"置于工作的核心位置，转变视角，从单一的自上而下管理，转向更加人性化、接地气的自下而上关怀。学校应深入一线，倾听德育工作者的心声，理解他们的困难，多站在一线德育工作者的角度来思考和解决问题，为他们提供切实有效的支持，创造更多有利条件，如提升职业技能、拓宽发展路径、解决工作及生活上的困难等，以激发德育工作者的内在动力与创造力，促进整个队伍的稳定、和谐与可持续发展。

（二）牢牢树立和坚持"与时俱进"理念

在全球化背景下，中医院校在德育共同体工作队伍建设上必须坚持"与时俱进"的理念，紧跟时代脉搏，拓宽国际视野。在时间维度上，需秉持动态适应的原则，在工作中及时对新情况、新问题迅速响应，要勇于打破常规，创新工作方式和方法，树立超前意识，确保工作队伍建设紧贴时代需求。在空间维度上，则需秉持开放包容的态度，拥抱国际化趋势。这意味着德育共同体工作队伍建设不仅要立足本土，更要放眼世界，积极吸纳国际先进教育理念与实践经验，使高校德育工作队伍建设更加具有开放性和国际性，更加有效应对全球化背景带来的诸多挑战。

（三）牢牢树立和坚持"大德育"理念

随着高等院校招生规模的持续扩张，中医院校的传统德育工作面临工作负荷激增，时间与精力不足等挑战。为提升德育工作实效，学校必须牢牢树立和坚持"大德育"理念，即构建一个全员参与、全方位覆盖的育人体系，倡导"全员育人、全程育人、全方位育人"，将校园内每一角落、每一岗位、每一群体都纳入德育范畴，形成"人人皆为师表，处处可育英才"的生动局面。学校应鼓励跨领域、跨部门的协同合作，凝聚起强大的德育工作合力，对德育资源进行深度整合与高效利用，打造一支"大德育"工作队伍。

五、构建具有层次性的德育共同体建设评价机制

人的道德发展是一个多维度、多层次、动态变化的过程，融合了知识认知、情感体验、意志锤炼与行为实践等多个方面。新形势下的德育共同体建设评价体系应该具有宽领域、立体化的特性，旨在全面而深入地评估学生的道德成长，超越传统单一的卷面考试与教师主观臆断，真正触及学生道德品质的内在维度与外在表现。具有层次性的德育共同体建设评价机制强调评价主体的多元化，不仅限于教师，还应纳入学生自我反思、同伴互评乃至家长与社区的意见，形成多维度、全方位的评价网络。在评价手段上，它巧妙融合过程性评价与结果性评价，既关注学生在道德学习过程中的态度转变、努力程度，也重视最终行为表现与成果展示，确保评价的全面性和公正性。动态评价与静态评价的结合，使得评价机制能够灵活应对学生道德发展的阶段性特征与个体差异，及时捕捉变化，为德育共同体建设的精准施策提供有力支持。通过这样一套机制，不断优化德育内容与方法，净化德育环境，弥补现有德育共同体建设中的不足，确保中医院校德育工作的稳步推进。

第二节　对未来的建议与展望

一、中医院校德育共同体建设路径的优化与发展

（一）以生为本，激发学生内在动力

促进中医院校德育共同体建设路径的优化与发展必须深刻把握并尊重每位学生的主体性，仔细考量学生的个体差异、兴趣所在及成长需求，确保德育内容与活动形式既富有针对性又充满吸引力。当学生发现自己的声音被听见，需求被满足，他们的主动性和创造性便会被充分激活，学生与教师、同伴之间才会形成良好的互动关系，彼此促进，共同成长，学生才能体会到德育共同体建设所带来的美好体验，并自发地产生提升道德修养的内在驱动力。

（二）以文化为引领，全面净化德育环境

在中医院校德育共同体建设过程中，政府、学校、社会等相关部门需以文化为引领，全面净化德育环境，坚守社会主义思想的坚固阵地，积极践行社会主义核心价值观，加大对中华优秀传统文化的挖掘、传承与创新力度，有效抵御不良社会思潮的侵袭。努力提升优秀思想文化的供给质量与效率，让中国特色社会主义文化成为滋养心灵、涵育品德的沃土。通过广泛宣传社会正能量，弘扬时代主旋律，营造风清气正的德育环境，为德育共同体建设提供良好氛围。

（三）做好德育与实践的紧密融合

做好德育共同体建设生活实践路径的把控与优化，使德育能够突破理论层面，深深扎根于学校的日常生活与社会实践之中。德育目标是让学生将道德认知内化于心，外化为自觉行动，这是一个持续的过程。必须要让德育共同体建设紧密贴合生活，融于社会实践，才能保证德育共同体建设的有效性。德育工作者通过模拟真实情境的案例，让学生在"做中学"，在亲身体验中感受道德

的力量，增强德育的真实感和说服力。充分挖掘和利用第二课堂的潜力，如志愿服务、社会实践、社团活动等，将德育元素巧妙融入其中，让学生在参与中感悟，在感悟中成长，实现德育与实践的深度融合。

（四）有效发挥网络平台德育功效

随着信息技术的飞速发展，网络平台已经成为德育的重要阵地。中医院校在建设德育共同体时，应深入研究网络生态，制定针对性策略，有效发挥网络平台德育功效。中医院校应主动作为，充分利用网络平台优势，整合优质德育资源，创新德育共同体建设模式。通过网络平台，开展跨时空、跨地域的德育实践活动，拓宽学生视野，培养其网络素养、创新思维和自主学习能力实现德育与网络的深度融合，让网络成为中医院校德育共同体建设的新引擎。

（五）以点带面，打造正向影响

中医院校在德育共同体建设中应注重凸显榜样带头示范，实现优秀典型的正向影响。系统性挖掘并彰显那些跨越时空界限、在不同历史阶段及多元领域内展现卓越贡献与高尚情操的先进模范。这些人物不仅是社会进步的推动者，更是道德精神的传承者，其事迹应被深入剖析与广泛传播，以精准阐述其背后的优秀品质与精神内涵，从而对德育共同体建设产生深远的正向激励作用。

学校还应重视身边优秀典型的发掘与培育，这些个体虽未必声名显赫，却以其平凡的岗位、不凡的业绩，以及在日常生活中所展现的责任感与奉献精神，树立了可亲近、可效仿的榜样。通过以点带面，让德育共同体成员在耳濡目染中内化优秀品质，外化积极行为，实现德育共同体建设的深化与拓展。

二、对中医院校德育共同体工作队伍建设的期待与远望

（一）工作队伍建设"专业化"

中医院校德育共同体建设是一项综合性的系统工程，德育工作者不仅要怀揣对教育事业的深厚情感与满腔热情，更需努力成为学习型、复合型的优秀人

才。他们应不断拓宽知识视野，深化对中医文化、教育心理学、社会学等多领域知识的理解与掌握，构建起丰富而多元的知识结构体系。通过持续的学习与实践，德育工作者能够灵活应对德育工作中复杂多变的挑战，以更加专业、高效的方式引导学生树立正确的世界观、人生观和价值观，推动中医院校德育共同体建设工作队伍的专业化发展。

1. 加强专业化培训

学校应高度重视德育工作者的专业化成长，强化培训与学历教育双管齐下。一方面，加大对德育工作者的专业培训力度，聚焦于社会主义核心价值体系的学习教育，确保每位德育工作者都能深刻理解并坚定拥护国家的路线方针政策，树立"道路自信、理论自信、制度自信"，实现从理论认同到实践践行的自然过渡，成为社会主义核心价值观的忠实传播者与践行者。另一方面，积极鼓励并支持德育工作者继续深造，完善其知识结构，涵盖政治学、管理学、教育学、心理学等多个学科领域，通过系统的学习与研究，拓宽他们的知识边界，提升专业素养，使他们在德育工作中能够多视角分析问题，创新工作方法，有效增强德育工作的针对性和实效性。

2. 搭建多样性锻炼平台

为了全面提升高校德育工作者的综合能力与专业素养，学校应积极构建多样化的锻炼平台。这些平台不仅涵盖模拟应急事件处理的实战演练，通过模拟真实场景，让德育工作者在紧张氛围中锻炼快速响应与高效处置的能力，还包含跨学科交流研讨会，促进德育工作者与不同领域专家的思想碰撞，拓宽工作视野。鼓励德育工作者深入一线，开展广泛的德育工作调查研究，通过实地考察、数据分析等手段，深入了解学生需求与德育工作的实际状况，从而制定更加科学、合理的德育策略。将德育工作者培养成为既具备扎实理论基础，又拥有丰富实践经验的"专家型"人才，建设专业化工作队伍。

（二）工作队伍建设"标准化"

中医院校德育共同体建设是一项长期任务，也是一项常态性的工作，其工作队伍建设务必遵循"标准化"原则，构建起一套科学、系统的长效机制。这要求我们在制度设计、人员培养、培训考核等方面均实行标准化管理，确保德育工作队伍的稳定性和高效性。"标准化"建设关键是要严把"三关"，具体如图8-4所示。

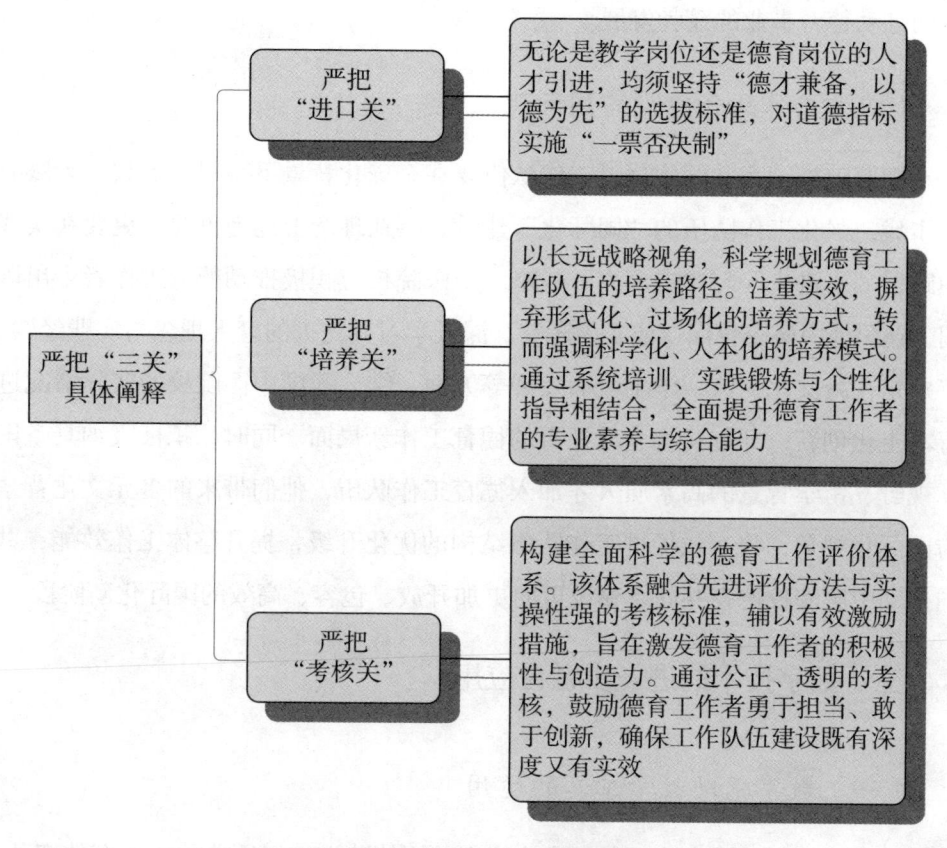

```
                    ┌─ 严把    ─── 无论是教学岗位还是德育岗位的人
                    │  "进口关"     才引进，均须坚持"德才兼备，以
                    │              德为先"的选拔标准，对道德指标
                    │              实施"一票否决制"
                    │
                    │              以长远战略视角，科学规划德育工
                    │              作队伍的培养路径。注重实效，摒
   严把"三关"       ├─ 严把    ─── 弃形式化、过场化的培养方式，转
   具体阐释         │  "培养关"    而强调科学化、人本化的培养模式。
                    │              通过系统培训、实践锻炼与个性化
                    │              指导相结合，全面提升德育工作者
                    │              的专业素养与综合能力
                    │
                    │              构建全面科学的德育工作评价体
                    │              系。该体系融合先进评价方法与实
                    │              操性强的考核标准，辅以有效激励
                    └─ 严把    ─── 措施，旨在激发德育工作者的积极
                       "考核关"    性与创造力。通过公正、透明的考
                                   核，鼓励德育工作者勇于担当、敢
                                   于创新，确保工作队伍建设既有深
                                   度又有实效
```

图8-4 严把"三关"具体阐释

（三）工作队伍建设"结构化"

推动工作队伍建设"结构化"的核心在于让工作队伍结构化合理，这是确保工作队伍建设可持续发展的基石。结构合理不仅要求知识、学历、性别等多维度的结构很合理，更特别关注年龄结构的合理性。通过构建老中青三代紧密协作的梯队，确保德育共同体建设工作经验的传承与创新的并进。聘请资深德育专家担任顾问，让他们的智慧与经验成为宝贵财富；中年德育工作者作为中流砥柱，其丰富经验与充沛精力为团队注入稳定力量，注意发挥传帮带作用，

同时可以考虑吸纳一批教学岗位上的中年教师作为兼职德育工作者充实到工作队伍中；青年德育工作者可塑性强，则如同新鲜血液，带来活跃的思维与无限的潜力。如此，中医院校德育工作队伍方能既稳健厚重，又充满生机与活力，共同推动德育事业的蓬勃发展。

（四）工作队伍建设"国际化"

中医院校德育共同体建设工作队伍要在全球化背景下赢得主动权，紧跟时代步伐，强化工作队伍的"国际化"建设，要在理念上拥抱世界，更要在实践中践行"引进来"与"走出去"战略。中医院校应积极推动德育工作者走出国门，到国外中医院校深造或实地考察，深入学习其先进的育人理念与实践经验，特别是在跨文化交流、学生全面发展等方面，结合我国中医院校的实际情况进行本土化创新，开创具有全球视野的德育工作新局面。同时，积极吸纳具备国际视野、留学背景的高素质人才加入德育工作队伍，他们带来的多元文化背景与国际化视角，将有效促进工作队伍结构的优化升级，提升整体工作效能，共同推动中医院校德育共同体建设迈向更加开放、包容、高效的国际化新阶段。

三、数字技术的进一步融合应用

（一）数字辅助教学工具的运用

在数字化时代大潮中，中医院校德育共同体建设正经历着前所未有的变革，数字辅助教学工具的运用正在发挥越来越重要的作用，正逐步成为激发学生学习兴趣、提升德育成效的重要力量。以虚拟现实（VR）技术为例，它以其强大的沉浸式体验能力，为德育课堂带来了革命性的变化。在德育课的高潮部分，教师可以巧妙地引入 VR 体验区，学生们戴上 VR 眼镜，仿佛瞬间跨越了时空的界限，置身于古代医馆或现代医院的真实场景中。这种前所未有的学习方式，不仅极大地丰富了学生的感官体验，更让他们在亲身体验中深刻理解中医伦理的精髓。

在虚拟环境中，学生们可以自由选择扮演不同的角色，如古代名医、现代中医医生或是患者等。通过模拟真实的医患沟通场景，学生们能够直观感受到医德的重要性，以及在面对复杂病情时所需展现的专业素养与人文关怀。这种身临其境的学习方式，不仅让学生们在实践中体会到德育的内核，更激发了他们对于思想道德的深刻思考与感悟。VR 技术为学生们提供了一个安全、无风险的实践平台。在这里，他们可以放心地尝试各种决策与行动，而无需担心现实生活中的后果。这种模拟实践的方式，不仅提高了学生们的应变能力和解决问题的能力，更为他们未来的职业生涯奠定了坚实的基础。

（二）动态的德育环境创建

1. 数字化工具的应用

数字化工具在德育领域的广泛应用，正逐步构建起一个开放、多元、互动平台。如在线论坛为德育共同体成员提供了一个跨越时空界限的交流平台，他们可以围绕时事热点、历史事件或道德议题，自由发表个人观点，分享见解与感悟，促进了成员间的思想碰撞与融合，激发了他们主动探索、积极思考的潜能；互动投票系统的引入，更是为德育课堂增添了趣味性与参与感。通过投票，成员间能够直观地了解到同伴对于某一问题的看法与态度，从而在比较与反思中深化自己的认识。这种即时反馈机制，不仅提升了学生的参与热情，还帮助他们学会了尊重差异、理解多元，为培养具有全球视野和包容心态的人才奠定了坚实基础。

2. 德育资源的整合与优化

利用数字技术对德育资源进行整合和优化，为德育共同体建设创设了动态环境。如通过数字技术的应用，将传统的文本资源与现代的多媒体资源结合起来，共同构筑起一个内容丰富、形式多样的德育资源库。德育工作者要深入挖掘和整理传统德育资源中的精髓，还要积极引入现代多媒体技术手段，通过图像、音频、视频等多种形式，使德育内容更加生动有趣、易于接受。教师还需密切关注学生的学习需求和德育目标的变化，灵活调整和优化资源库的内容，确保其始终能够贴近学生的实际生活，满足他们的成长需求。通过动态的德育环境创建，德育共同体将成为一个充满活力、和谐共生的生态系统。

附录

附录一

场景设计：中医院校"智慧德育课堂"场景建设

建设背景：

在某中医院校里，为了进一步提升德育教育的效果，学校积极探索现代信息技术在德育共同体建设中的应用，特别是课堂场景的创新与拓展。通过构建"智慧德育课堂"，学校旨在打破传统课堂的时空界限，为师生提供更加灵活、高效、富有深度的学习体验。

场景描述：

某周五的下午，在一间教室，中央是一块智能触控大屏，四周环绕着可调节的座椅，既保留了传统教室的温馨氛围，又融入了现代科技感。墙面嵌入互动白板等功能区，为课堂增添了无限可能。这里不再仅仅是传统意义上的教室，而是一个融合了现代科技元素的智慧学习空间。

空间布局：

活动流程：

1.线上直播+录播回放

（1）德育课开始前，教师通过学校的在线教学平台开启直播，同时录制课程。课程内容围绕"中医伦理与医德修养"展开，结合历史典故和现代案例，深入浅出地讲解中医人的职业操守和社会责任。

（2）学生不仅可以在教室内实时观看直播，还能在课后通过平台回放，根据自己的学习进度和时间安排进行复习巩固。

2.大数据驱动的个性化学习

（1）教师在课前利用大数据分析工具，根据学生的历史学习数据、兴趣偏好及学习成效，定制个性化的学习路径和推荐资源。

（2）课堂上，教师展示大数据分析得出的学生关注热点和社会现象，引导学生结合中医伦理进行思考讨论，激发学生的批判性思维和道德判断力。

3.互动讨论与分享

（1）回到现实课堂，学生分组进行互动讨论，分享课程中的感受与收获，以及自己对中医伦理和医德的理解。

（2）教师鼓励学生提出问题、发表见解，并适时引导，形成积极向上的学习氛围和德育共同体意识。

4.课后反馈与持续优化

（1）课程结束后，学生通过在线平台提交学习反馈，包括对课程内容的理解程度、个人成长点等。

（2）教师根据反馈数据，结合大数据分析，对课程内容、教学方法进行持续优化，确保德育教育的针对性和实效性。

结语：

通过"智慧德育课堂"的构建，中医院校不仅打破了传统课堂教学的时空限制，还实现了德育教育的个性化、互动化和情境化。这种创新的教学方式不仅提高了学生的学习兴趣和参与度，更在潜移默化中培养了学生的中医伦理意识和社会责任感，为构建中医院校德育共同体奠定了坚实的基础。

附录二

活动场景设计:"杏林雅集·德润心田"生活场景建设活动

活动背景:

在中医文化的深厚底蕴下,为了进一步强化中医院校德育共同体的构建,特别是生活场景中的德育渗透,特举办"杏林雅集·德润心田"主题活动。本活动旨在通过一系列贴近学生日常生活的学习与实践,将校风、学风融入学生的衣食住行之中,让学生在潜移默化中接受品德教育,实现全面发展。

活动目标:

1. 深化校风学风认知:让学生在日常生活中感受并理解中医院校的独特精神风貌。

2. 促进品德修养:通过实践活动,引导学生树立正确的世界观、人生观和价值观。

3. 增强社会责任感:激励学生将个人理想与国家发展、社会进步相结合。

活动时间:

为期一周,每日不同主题,覆盖学生日常学习生活的多个方面。

活动内容:

第一天:【晨读杏林】

• 活动描述:早晨,全校师生在古色古香的某广场(取名杏林广场)集合,进行中医经典诵读。通过晨读,让学生感受中医药文化的博大精深,同时培养早起勤学的良好习惯。

• 德育要点:传承文化,勤奋学习。

第二天:【药膳养生日】

• 活动描述:食堂推出特色药膳窗口,邀请中医专家现场讲解药膳知识,学生可亲手制作并品尝。通过实践,学习中医养生之道,体会"药食同源"的理念。

•德育要点：关爱健康，实践中医智慧。

第三天：【医德讲堂进宿舍】

•活动描述：组织医德高尚的医师或校友，深入学生宿舍，开展医德教育讲座。通过分享个人经历、医患故事，引导学生树立高尚的医德观念。

•德育要点：培养医德，树立职业信仰。

第四天：【志愿服务社区行】

•活动描述：组织学生前往周边社区，开展中医义诊、健康咨询、中医养生知识普及等志愿服务活动。让学生在服务中体验中医的价值，增强社会责任感。

•德育要点：服务社会，践行中医精神。

第五天：【校友论坛·杏林梦想】

•活动描述：邀请杰出校友回校，举办"杏林梦想"论坛。校友分享个人成长经历、职业心得及对中医药事业的热爱与坚持，激励学生树立远大志向。

•德育要点：树立榜样，激发梦想。

第六天：【中医文化体验日】

•活动描述：开放校园内的中医博物馆、中药园等，组织学生进行中医文化体验活动，如针灸、推拿体验，以及中药识别与炮制等。

•德育要点：亲身体验，增强文化自信。

第七天：【总结分享会】

•活动描述：活动最后一天，举行一场温馨而充实的总结分享会。学生以小组形式，轮流分享一周来的学习心得、感悟与收获，教师与嘉宾进行点评与鼓励。

•德育要点：反思成长，展望未来。

结语：

"杏林雅集·德润心田"生活场景建设活动，通过策划并实施一系列丰富多彩、贴近生活的实践活动，将中医院校的校风、学风深深植根于学生的心中，不仅拓宽了学生的视野，促进了学生的全面发展，更激发了他们为中医药事业贡献力量的热情与决心。

附录三

中医院校德育共同体建设的身份德育中打造学生行为与能力养成平台的具体路径建设示例

一、平台规划与建设

1. 平台定位与目标明确

确立身份德育平台的虚拟性与交互性，旨在通过数字化手段促进学生身份认知、辨别与调整能力的提升。

设定具体目标：增强学生的自我认知，积极预防身份错位；提升身份调整能力，努力解决身份冲突；培养身份适应能力，以有效应对身份不适应与紧张状态。

2. 平台架构设计

• 身份辨别模块：包含自我认知测评、身份认知教育课程、案例分析库等，帮助学生深入了解自我，明确界定个人角色与定位，学习社会规范下的身份行为。

• 身份调整模块：设置角色模拟训练、多重身份管理指导、情绪与压力管理课程等，提升学生在不同角色间的灵活转换能力和应变技巧。

• 互动交流区：建立学生论坛、在线问答、导师咨询等功能，促进学生间及师生间的交流与分享，形成身份德育的互助氛围。

3. 资源整合与技术支持

• 整合心理学、教育学、社会学等多领域资源，开发高质量的教育内容与工具。

• 引入虚拟现实（VR）、人工智能（AI）等先进技术，提升平台的互动性和个性化体验。

二、内容开发与实施

1. 身份辨别能力培训

• 设计分层次、系统化的自我认知测评，帮助学生准确评估自我。

- 开设身份认知教育课程，结合中医文化特色，引导学生理解不同身份的社会价值与责任。
- 组织身份错位案例分析，通过讨论与反思，加深学生对身份辨别的理解。

2. 身份调整能力训练

- 利用 VR 技术模拟不同场景下的身份转换，提供沉浸式的学习体验。
- 开展多重身份管理工作坊，邀请行业专家、校友分享经验，教授实际应对策略。
- 实施情绪与压力管理课程，帮助学生掌握有效的情绪调节技巧，以应对身份冲突带来的压力。

3. 互动与反馈机制

- 鼓励学生参与互动交流区，分享身份体验与困惑，形成相互支持与学习的社区。
- 建立即时反馈系统，对学生在平台上的学习表现进行跟踪与评估，及时调整教学内容与方法。

三、师资培训与指导

1. 教师培训

- 组织教师参加身份德育相关的专业培训，提升其在身份认知、心理辅导等方面的专业能力。
- 积极鼓励教师参与平台内容开发与实施，通过教学实践与反馈循环，形成教学相长的良好氛围。

2. 一对一指导

- 设立身份导师制度，为有需要的学生提供一对一的咨询与便捷指导服务。
- 结合心理咨询与辅导，深入了解学生身份行为中的具体问题，提供个性化解决方案。

通过上述路径的实施，中医院校德育共同体建设将成功打造出一个集身份辨别、调整与适应能力培养于一体的综合性平台，为学生提供全方位、个性化的身份德育支持，引导学生认识自我、理解自我，并学会在多元文化与社会角色中精准定位，促进其全面发展与健康成长。平台提供个性化的德育指导方案，针对每位学生的独特需求，量身定制学习路径，助力他们形成正确的价值观、道德观和身份认同感。通过模拟真实情境、角色扮演等互动方式，增强学生的社会适应能力，使他们在面对身份挑战与紧张状态时能够从容应对，自信成长。

附录四

在中医院校德育共同体建设的集体德育路径建设中，现场情景带入能够帮助学生更直接、更深刻地理解并内化德育价值。以下是一个具体的设计路径，旨在通过现场情景带入促进中医院校德育共同体的集体德育路径建设：

一、明确德育目标与内容

首先，明确现场情景带入的德育目标与内容。例如，可以围绕"中医文化中的医德医风""中医文化的传承与创新"等主题展开，确保情境设计与德育目标紧密相连。

二、精心选择现场情境

1. 中医药文化博物馆或展览馆：选择具有丰富中医药文化展品的博物馆或展览馆，如古代名医雕像、中医药典籍、传统制药工具等，让学生近距离感受中医药文化的深厚底蕴。

2. 中医院或诊所：组织学生参观中医院或诊所，观察医生与患者的互动，了解中医药诊疗过程，体验医者仁心的精神风貌。

三、设计现场教学活动

1. 导览讲解：由专业教师或讲解员带领学生参观，结合实物进行生动讲解，介绍中医药文化的历史、发展、特色及在现代社会中的应用。

2. 互动体验：设置互动环节，如让学生亲手触摸药用植物、尝试简单的制药过程、模拟中医诊疗等，增强参与感和体验感。

3. 分组讨论：将学生分成小组，围绕现场所见所闻展开讨论，分享感受和思考，促进思维碰撞和深度交流。

4. 角色扮演：通过角色扮演的方式，让学生扮演医生、患者等角色，体验不同岗位的工作内容和职责，加深对中医文化中德育因素的理解。

四、现场指导与反馈

1. 现场指导：教师在现场进行全程指导，引导学生深入观察、积极思考，及时解答学生的疑问，确保教学活动顺利进行。

2. 反馈总结：活动结束后，组织学生进行反馈总结，分享自己的收获和感悟，教师对学生的表现进行点评，指出优点和不足，提出改进建议。

五、后续跟进与巩固

1. 撰写心得：要求学生撰写参观心得或观后感，将所见所闻、所思所感记录下来，加深对中医文化及其德育价值的理解和记忆。

2. 主题班会：在班级中组织主题班会，让学生分享自己的心得和体会，进一步巩固和深化德育效果。

3. 社会实践：鼓励学生将所学中医文化知识应用于社会实践，如参与社区健康讲座、中医药文化宣传等活动，提升社会责任感和实践能力。

附录五

活动育人维度的评价体系设计

一、评价目标

活动育人维度评价体系旨在通过全面、客观、科学地评估学生在参与中医院校组织的各类德育实践活动中的表现与成长，促进学生品行涵养的提升，实现全方位育人目标。

二、评价原则

全面性：评价应覆盖活动的全过程，包括准备阶段、实施阶段、总结反思阶段，以及学生在活动中的知识、技能、情感态度等多方面的表现。

过程性：强调对学生参与活动过程的评价，关注学生在活动中的努力程度、合作能力、创新思维等动态变化。

表现性：通过观察、记录学生在活动中的具体表现，如行为举止、语言表达、团队合作等，进行直观评价。

发展性：评价应促进学生自我反思与成长，鼓励学生根据个人特点设定发展目标，并在活动中不断追求进步。

三、评价维度与指标

1. 活动准备阶段

态度与兴趣：学生对活动的兴趣程度、参与意愿及准备工作的积极性。

知识准备：学生对活动主题相关知识的了解程度及预习情况。

团队合作：学生在小组内的分工合作、沟通协调能力。

2. 活动实施阶段

品行表现：学生在活动中的道德行为、礼仪规范、尊重他人等品行表现。

任务完成：学生完成活动任务的质量、效率及创新能力。

参与程度：学生在活动中的投入度、互动情况及对活动的贡献。

问题解决：面对困难时，学生的应对策略、解决问题的能力及团队合作精神。

3. 活动总结反思阶段

成果展示：学生个人或团队成果展示的清晰度、逻辑性、创新性。

反思总结：学生对活动过程的自我反思、收获与不足的认识。

成长规划：学生基于活动体验制定的个人成长目标及实施计划。

四、评价方法

观察记录法：教师在活动过程中对学生的表现进行细致观察，并记录关键事件和行为。

自我评价：鼓励学生进行自我反思，填写活动反思表，评估自己在活动中的表现与成长。

同伴评价：通过小组讨论、互评等方式，让学生相互评价，促进彼此间的了解与学习。

教师评价：教师结合观察记录、学生自评与互评结果，给予综合评价，并提出改进建议。

成果展示评价：通过展示会、报告会等形式，对学生的活动成果进行公开评价，增强学生的成就感与自信心。

五、评价结果与反馈

评价结果汇总：将学生在活动准备、实施、总结反思各阶段的评价结果进行汇总，形成综合评价报告。

个性化反馈：根据评价结果，教师为学生提供个性化的反馈与建议，帮助学生明确自身优点与不足，制定改进计划。

表彰激励：对在活动中表现突出的学生或团队给予表彰与奖励，激发学生的积极性与创造力。

持续改进：根据评价结果与反馈，不断优化活动育人评价体系，提升德育实践活动的质量与效果。

图表索引

图索引

图 1–1 ………………………………………………………… 2
图 1–2 ………………………………………………………… 3
图 1–3 ………………………………………………………… 4
图 1–4 ………………………………………………………… 5
图 1–5 ………………………………………………………… 13
图 1–6 ………………………………………………………… 17
图 1–7 ………………………………………………………… 19
图 1–8 ………………………………………………………… 25
图 1–9 ………………………………………………………… 26
图 1–10 ………………………………………………………… 30
图 2–1 ………………………………………………………… 44
图 3–1 ………………………………………………………… 54
图 3–2 ………………………………………………………… 64
图 4–1 ………………………………………………………… 70
图 4–2 ………………………………………………………… 71
图 4–3 ………………………………………………………… 89
图 4–4 ………………………………………………………… 90
图 5–1 ………………………………………………………… 99
图 5–2 ………………………………………………………… 102
图 5–3 ………………………………………………………… 103

图 5-4 ……………………………………………………………… 118
图 5-5 ……………………………………………………………… 121
图 5-6 ……………………………………………………………… 129
图 5-7 ……………………………………………………………… 132
图 7-1 ……………………………………………………………… 147
图 8-1 ……………………………………………………………… 168
图 8-2 ……………………………………………………………… 171
图 8-3 ……………………………………………………………… 172
图 8-4 ……………………………………………………………… 181

表索引

表 1-1 ……………………………………………………………… 13
表 1-2 ……………………………………………………………… 22
表 1-3 ……………………………………………………………… 25
表 2-1 ……………………………………………………………… 34
表 2-2 ……………………………………………………………… 48
表 3-1 ……………………………………………………………… 55
表 3-2 ……………………………………………………………… 57
表 4-1 ……………………………………………………………… 66
表 4-2 ……………………………………………………………… 69
表 4-3 ……………………………………………………………… 85
表 4-4 ……………………………………………………………… 92
表 5-1 ……………………………………………………………… 105
表 5-2 ……………………………………………………………… 127
表 5-3 ……………………………………………………………… 130

参考文献

[1] 楼艳，郭立群. 构建高校德育共同体：教育生态学的视角[J]. 国家教育行政学院学报，2021（3）：82-89.

[2] 任少波. 高校德育共同体[M]. 杭州：浙江大学出版社，2018.

[3] 王道俊，王汉澜. 教育学[M]. 北京：人民教育出版社，1989.

[4] 人民日报理论部. 大家手笔[M]. 北京：人民日报出版社，2023.

[5] 温小平. 新文化史视域下思想政治教育叙事研究[M]. 北京：光明日报出版社，2022.

[6] 易连云. 德育原理[M]. 武汉：武汉大学出版社，2010.

[7] 李锐. 挖掘中医优秀人文资源，拓展中医院校德育内涵[J]. 甘肃中医学院学报，2007，24（4）：55-封3。

[8] 马雷，王歆著. 新时代高校思想政治工作研究[M]. 天津：天津人民出版社，2021.

[9] 刘玉瑛，赵长芬，王文军. 读懂新征程200关键词[M]. 北京：中国民主法制出版社，2023.

[10] 马彦涛，马修文. 基层党建文化建设实务[M]. 北京：国家行政学院出版社，2023.

[11] 孙峰，龙宝新. 德育原理[M]. 西安：陕西师范大学出版总社，2020.

[12] 加林. 意大利人文主义[M]. 李玉成，译. 北京：生活·读书·新知三联书店，1998.

[13] 华建玲. 高校思想政治工作有效性研究[M]. 南京：河海大学出版社，2022.

[14] 路海东. 社会心理学[M]. 长春：东北师范大学出版社，2002.

[15] 叶荣国，路丙辉. 思想道德与法治教学关键词[M]. 芜湖：安徽师范大学出版社，2022.

[16] 钟一彪. 实践的理路[M]. 广州：中山大学出版社，2020.

[17] 李明雪，朱显峰. 化学污染与生态保护[M]. 开封：河南大学出版社，2021.

[18] 本书编写组. 2022党的二十大报告关键词[M]. 北京：党建读物出版社，2022.

[19] 之江轩. 一颗文心济时代：下[M]. 杭州：浙江人民出版社，2023.

[20] 陈友放. 整体构建大学德育途径体系刍议[J]. 黑龙江高教研究，2011（8）：113-115.

[21] 鲁洁. 道德教育的根本作为：引导生活的建构[J]. 教育研究与评论（中学教育教学），2010（10）：91.

[22] 陶国富，王祥兴. 大学生挫折心理[M]. 上海：立信会计出版社，2006.

[23] 邵瑞. 高校辅导员媒介素养[M]. 济南：山东人民出版社，2015.

[24] 骆郁廷，魏强. 论大学生思想政治教育的网络文化话语权[J]. 教学与研究，2012（10）：74-81.

[25] 徐初娜. 红色文化与高校思想政治教育耦合发展研究[M]. 北京：新华出版社，2022.

[26] 傅才武，余冬林. 国家文化与国民文化的构造及其转换[M]. 武汉：武汉大学出版社，2021.

[27] 王东月. 友爱 幸福 开放 共生 幼儿园家园共育的探索与实践[M]. 北京：北京航空航天大学出版社，2021.

[28] 林上洪. "教育共同体"刍议[J]. 教育学术月刊，2009（10）：20-21.

[29] 晏扩明，张霄，李义天. 马克思共同体思想研究[M]. 重庆：重庆出版社，2023.

[30] 余祯著. 蓬莱小镇 从"小社会"走向"大世界"[M]. 上海：文汇出版社，2023.

[31] 白显良，崔建西．新时代立德树人的价值定位、时代内涵与实践要旨[J]．思想理论教育，2018（11）：4–9．

[32] 曹政，任少波．论德育共同体的内生性、协同性与生态性[J]．浙江社会科学，2020，（12）：112–116，160．

[33] 张迪，王建超．德育共同体构建下的高校思想政治工作探析[J]．大学，2023（36）：112–115．

[34] 联合国教科文组织国际教育发展委员会．学会生存[M]．上海：上海译文出版社，1979：28．

[35] 孔凡建．论德育共同体的建构及其走向[D]．徐州：中国矿业大学，2015．

[36] 胡霞，刘峰，吴宇．大中小学思想政治理论课一体化专题教学设计 文化与哲学篇[M]．成都：四川大学出版社，2021．

[37] 陈自鹏．教学相长之路 从经师到名师[M]．北京：中国书籍出版社，2022．

[38] 沈漫，夏文芳．中医院校德育模式探索[J]．思想理论教育，2010（23）：90–92．

[39] 张玉．高校匠心鲁班育人实践体系研究[M]．长春：吉林大学出版社，2022．

[40] 李登万．铸魂育人 润物无声 新时代高校德育工作的理论与实践[M]．北京：光明日报出版社，2023．

[41] 齐凤军，魏华．热疗扶阳 温通祛寒湿[M]．武汉：湖北科学技术出版社，2015．

[42] 付守永．工匠精神行动笔记[M]．北京：中华工商联合出版社，2023．

[43] 谭志福．大学劳动教育[M]．济南：山东人民出版社，2022．

[44] 张香君．中国传统文化与高校德育教育研究[M]．北京：北京工业大学出版社，2023．

[45] 中共天津市教育工作委员会，天津市教育委员会．"美丽天津"思政课特色案例选编[M]．天津：天津人民出版社，2022．

[46] 刘伟杰，王可月. "工匠精神"培育融入大学生思想政治教育的价值与路径研究[J]. 思想政治教育研究，2019，35（2）：94-97.

[47] 蒋祎，马丽梅. 协同育人视域下高职德育实践中工匠精神的培育策略[J]. 江苏经贸职业技术学院学报，2023，（2）：73-76.

[48] 刘启亮. "工匠精神"融入中医院校学生德育教育的价值与路径[J]. 佳木斯职业学院学报，2021，37（4）：105-106.

[49] 王静. 职业院校工匠精神培育与德育教育融合分析[J]. 智库时代，2023，（13）：36-39.

[50] 仇乙力. 在工匠精神视域下创新中职德育教学路径研究[J]. 学周刊，2024，2（2）：43-45.

[51] 金小河. 工匠精神融入中职德育的实践探究[J]. 辽宁教育，2022，（12）：19-22.

[52] 张岩松. 文化育人的研究与探索[M]. 沈阳：东北财经大学出版社，2020.

[53] 培松. 读成语学中医①不为良相，便为良医[M]. 南窗，绘画北京：中国中医药出版社，2022.

[54] 袁刚，周苏娅，李和伟. 中医药文化的当代价值研究[M]. 北京：中国中医药出版社，2022.

[55] 郝中华，邹永亮，刘桂林，等. 大学生成才[M]. 北京：中国税务出版社，1998.

[56] 李万全. 社群的概念——滕尼斯与贝尔之比较[J]. 社会科学论坛，2006（6）：4.

[57] 汪辉勇. 公共价值论[M]. 合肥：合肥工业大学出版社，2014.

[58] [德]哈贝马斯. 交往行动理论：第1卷[M]. 洪佩郁，蔺青，译. 重庆：重庆出版社，1994.

[59] 谭建伟，李凌. 数字时代大学生生涯发展与就业指导[M]. 重庆：重庆大学出版社，2022.

[60] 刘玉瑛，赵长芬，王文军. 读懂新征程200关键词[M]. 北京：中国民主法

制出版社，2023．

[61] 何刚等．大川书系 走向新时代的全景德育[M]．成都：四川教育出版社，2021．

[62] 郭纯生．大学生生活园区德育研究——兼论回归生活世界的德育[D]．上海：上海大学，2014．

[63] 檀传宝．学校道德教育原理[M]．北京：教育科学出版社，2000．

[64] 郭华．理智 情感——中国校长芬兰、以色列考察笔记[M]．北京：教育科学出版社，2016．

[65] 陶华山．立德树人 知行合一的实践探究[M]．苏州：苏州大学出版社，2020．

[66] 祁润根．分层施教，共同发展[M]．延吉：延边大学出版社，2019．

[67] 高万能．学会学习、学会成功[M]．贵阳：贵州人民出版社，2006．

[68] 马克思，恩格斯．马克思恩格斯全集：第1卷[M]．北京：人民出版社，1995．

[69] 夏阿白．哲学100问[M]．北京：中国商业出版社，2019．

[70] 王卫明，胡丹，黄晓军．新闻作品赏析 [M]．2版．武汉：华中科学技术大学出版社，2022．

[71] 乐上泓．高校第二课堂成绩单制度体系的理论与实践探索 以闽江学院为例[M]．北京：光明日报出版社，2021．

[72] 胡绍红．大学生思想政治教育研究[M]．北京：研究出版社，2020．

[73] 寇东亮．生活共同体与公民德性养成[J]．郑州大学学报（哲学社会科学版），2010（3）：17–21．

[74] 唐汉卫．生活道德教育论[M]．北京：教育科学出版社，2005．

[75] 冯建军．"德育与生活"关系之再思考——兼论"德育就是生活德育"[J]．华中师范大学学报（人文社会科学版）．2012（4）：132–139．

[76] 鲁洁．道德教育的根本作为：引导生活的建构[J]．教育研究与评论：中学教育教学，2010（10）：91．

[77] 罗碧琼，范春香，唐松林．生活德育：超越现代德育的误区[J]．中国德

育，2018（18）：32-35.

[78] 柏伟. 高校思想政治教育生活化探究[J]. 高教发展与评估，2011，27（2）：102-107，124.

[79] 山东教育厅学生处. 高校学生工作文件选编：上[M]. 济南：山东人民出版社，2013.

[80] 许瑞芳. 社会变革中的中国高校德育转型[M]. 上海：上海教育出版社，2014.

[81] 赵楠，禹红，战丽娜. 新时代高等职业教育教学改革探索与实践研究[M]. 郑州：黄河水利出版社，2022.

[82] 杜黎明. 新时代的理论意蕴研究[M]. 成都：四川大学出版社，2022.

[83] 郑智婕. 浅析马克思主义人学理论及当代价值[J]. 哲学进展，2022，11（4）：672-676.

[84] 陈文斌. 点亮可能 从薄弱走向优质[M]. 厦门：厦门大学出版社，2023.

[85] 张婷婷，黄家福，李珊珊. 大数据时代背景下高校思想政治教育创新[M]. 北京：北京燕山出版社，2022.

[86] 梁丽. 大学生网络素养教育的融合式课程探索[J]. 学校党建与思想教育，2021（1）：79-81.

[87] 谢加书，李怡. 集体主义的新阐释及其社会作用方式[J]. 学术论坛，2009（1）：98-100.

[88] 王淑娉，陈海峰. 数字化时代大学生数字素养培育：价值、内涵与路径[J]. 西南民族大学学报（人文社会科学版），2021，42（11）：215-220.

[89] 黄凯锋. 当代国民素质现状与发展报告 2020 系统观视野中个案研究与定量分析的多维度探讨[M]. 上海：上海社会科学院出版社，2021.

[90] 霍军亮. 农村基层党组织引领乡村振兴的理论与实践[M]. 武汉：武汉大学出版社，2021.

[91] 大道相通马克思主义与中华优秀传统文化编写组. 大道相通：马克思主义与中华优秀传统文化[M]. 北京：中国青年出版社，2023.

[92] 杨春生，胡维定，吴丽萍. 高等教育现代化的技术视点[M]. 西安：陕西

人民教育出版社，2007.

[93] 田雪飞. 中国特色社会主义大学制度价值论[M]. 沈阳：东北大学出版社，2023.

[94] 彭青和. 走近挑战杯——全国"挑战杯"大学生课外学术科技作品竞赛哲学社会科学类参赛指南[M]. 北京：北京航空航天大学出版社，2021.

[95] 王仁伟，龚云平. 大学生心理健康教育[M]. 天津：南开大学出版社，2016.

[96] 尹伟. 道德量化评价对学校道德教育的消极影响[J]. 思想理论教育，2012（20）：53-57.

[97] 陆启越，余小波. 高校德育评价范式及其转变[J]. 湖南师范大学教育科学学报，2018（2）：103-108.

[98] 宋晓宇. 高校德育工作创新与发展研究[M]. 北京：北京燕山出版社，2023.

[99] 张淑兰. 新时代高校德育实施路径与效果评估研究[M]. 北京：中国纺织出版社，2022.

[100] 陈建伟. 高校德育的传承与创新研究[M]. 北京：北京工业大学出版社，2022.